ENSINO: COMO ENCANTAR O ALUNO E VENCER A CONCORRÊNCIA

ANDRÉ MARQUES
CLÁUDIA VALÉRIA PINHO LOPES

ENSINO: COMO ENCANTAR O ALUNO E VENCER A CONCORRÊNCIA

A Administração e o Marketing nas Escolas

DISAL EDITORA

Preparação de texto: José Muniz Jr.
Revisão de texto: Renato Potenza Rodrigues
Assistente editorial: Gabriela Canato

Capa: Rosana Martinelli
Projeto gráfico e diagramação: Verba Editorial

Dados Internacionais de Catalogação na Publicação (CIP)
(Câmara Brasileira do Livro, SP, Brasil)

Marques, André
Ensino: Como Encantar o Aluno e Vencer a Concorrência : A Administração e o Marketing nas Escolas / André Marques, Cláudia Valéria Pinho Lopes. — Barueri, SP : DISAL, 2007.

ISBN 978-85-89533-68-3

1. Educação 2. Escolas — Administração e organização 3. Marketing I. Lopes, Cláudia Valéria Pinho. II. Título. III. Série.

07-2222 CDD-370.668

Índice para catálogo sistemático:
1. Marketing educacional 370.688

DISAL EDITORA

Alameda Mamoré, 911 — cj 107
Alphaville — BARUERI — SP
CEP: 06454-040
Tel./Fax: 4195 2811
Visite nosso site: www.disaleditora.com.br
Televendas: (11) 3226 3111
Fax gratuito: 0800 7707 105/106
E-mail para pedidos: comercialdisal@disal.com.br

*A realização deste livro representa um momento muito especial.
Agradecemos a todos os que compartilharam conosco
experiências e pensamentos ao longo deste projeto,
especialmente a nossos pais e avós,
cujo apoio e dedicação foram peças fundamentais.*

Sumário

Iniciando nossa conversa

O universo educacional é realmente algo mágico: quanto mais o conhecemos, mais queremos descobrir sobre ele. São incríveis a quantidade de variáveis envolvidas e a complexidade do processo de ensino. Tal complexidade resulta principalmente da individualidade e da peculiaridade da história de seus personagens: alunos, professores, coordenadores, pessoal de apoio e pessoal administrativo.

Reflita durante alguns instantes sobre o ambiente de sua instituição de ensino. Coloque-se no lugar, ou melhor, "entre na cabeça" das diversas pessoas que fazem parte de seu universo de trabalho. Imagine-se como um funcionário da empresa, o proprietário, um aluno e seus pais (que também enxergaremos como clientes). Considere as características individuais, medos, dificuldades, bloqueios, anseios, preconceitos, lugares de origem, história, formação acadêmica e familiar, visão de futuro, grupos a que pertencem e hierarquia de valores.

É tudo muito diferente e singular, não é? São várias formas de encarar uma mesma situação e todas são válidas e plenamente justificáveis, dentro da visão particular de cada um. Afinal, não existem verdades absolutas que atendam e satisfaçam a todos. Do mesmo modo, é impossível formular justificativas técnicas que expliquem todas as restrições que a formatação e a sobrevivência do negócio impõem, e que muitas vezes geram a frustração de algumas expectativas e/ou desejos. Vamos analisar brevemente alguns pontos de vista.

Para o professor, é realmente gratificante receber uma pessoa que não consegue se comunicar em uma língua e conseguir lapidá-la, permitindo que se expresse de forma livre, seguindo os conceitos acadêmicos tradicionais, pelos caminhos mais seguros e com uma metodologia eficaz e moderna.

Por parte do aluno, encontraremos como situação corriqueira, normal e plenamente justificável (sendo, na realidade, uma conseqüência das necessidades dos dias atuais) o desejo de aprender um novo idioma ou mesmo internalizar uma nova cultura do dia para noite, pagando valores que lhe são apresentados a todo instante por campanhas publicitárias, que nem sempre são claras ou mesmo sérias.

Será justo cobrar dos alunos um conhecimento prévio sobre metodologia de ensino, ou considerar que eles estão cientes dos custos envolvidos para se manter aberta uma empresa no Brasil? Será que eles entendem de formação de política de preço no mercado de ensino de idiomas? Devemos partir do pressuposto de que não!

Mas também existe o outro lado, que é o lado dos negócios! É nele que habita o administrador. Para alguns, esse terreno é um pouco inóspito ou até mesmo um tabu... mas, no final das contas, é o que sustenta financeiramente ou justifica todo o processo! Nesse “outro mundo”, encontramos muitas dificuldades, conflitos de interesses e competição. Porém, também é onde podemos colher muitas glórias e ferramentas para ampliar nosso mundo pedagógico, defendido pelo departamento acadêmico e desejado pelo aluno.

É responsabilidade dos administradores, gerir e gerar os recursos para garantir a sobrevivência da instituição de ensino como empresa, assegurando sua competitividade, adequação e o retorno para o capital investido pelos donos, fundadores ou sócios da empresa. E isso deve ser considerado justo, seja esse retorno financeiro, social ou as duas coisas.

A dinâmica atual dos negócios, fomentada pelo uso da informática, pela globalização e pela ciranda econômica, faz com que a competitividade do mercado aumente a cada segundo. Cada vez mais novas instituições de ensino estão disputando um número de clientes que não cresce na mesma velocidade, ou seja, há mais "bocas" para dividir o mesmo "bolo". Empresas (legalizadas ou não) são criadas da noite para o dia como conseqüência do desemprego gerado pela competição: seja no ramo do ensino ou mesmo em outras áreas, o negócio passa a destruir o próprio negócio.

As empresas não conseguem captar novos alunos ou perdem os alunos já existentes, em grandes quantidades. Então, demitem professores, que utilizam os recursos obtidos com a rescisão para abrir pequenos pontos de ensino, muitas vezes dentro de sua própria casa, carregando parte dos alunos e alimentando ainda mais esse ciclo vicioso.

Em pouco tempo, esses pequenos empresários tomam consciência de que um negócio não se sustenta apenas com uma captação inicial, ou mesmo com base somente em algum conhecimento acadêmico. Precisa-se de uma forte dose de gestão, de planejamento, de visão de futuro! Com o passar do tempo, perdem seus clientes iniciais, as contas se acumulam e eles são novamente empurrados para o mercado de trabalho. Acabam procurando uma nova instituição de ensino que os acolha. Porém, já deixaram marcas no mercado local: um registro de um custo ilusório na cabeça do cliente ou a redução do número de alunos da instituição em que trabalhavam. Em alguns casos, deixam uma experiência traumática para seus ex-alunos (devemos lembrar que alguns professores se consideram capazes de ensinar sem supervisão ou apoio, mesmo estando ainda em formação acadêmica).

Vale ressaltar que estamos falando aqui do lado ruim. Obviamente, existem exceções, quando o professor sai de uma instituição de forma consciente, monta um negócio bem estruturado e obtém muito sucesso.

Outro caso clássico é o de novos concorrentes que a toda hora chegam capitalizados, com novas idéias, novos conceitos, novos serviços, muitas vezes empurrados de outras áreas, como a indústria ou o comércio varejista. Eles vêm motivados também pelo desemprego ou pelo desejo de desenvolvimento pessoal, ou ainda pela ambição financeira defendida pelos modelos de franquia que "dispensam" o conhecimento prévio na área.

Nesses casos, acontece algo interessante: as pessoas que atuam há mais tempo no ramo geralmente têm preconceito ou uma postura ingênua, considerando os novos entrantes como inexperientes, incompetentes ou fadados ao fracasso. Porém, devemos saber que estas pessoas "desqualificadas" enxergam os problemas de uma maneira inovadora e vislumbram oportunidades por um outro prisma, sem alguns dos nossos vícios ou paradigmas. Por possuírem menos bloqueios, têm a possibilidade de encontrar soluções simples para problemas tradicionais que sequer conseguimos enxergar.

Então, não podemos pensar que as mudanças e ações dessa concorrência por nós considerada como desqualificada (dentro de uma visão de curto alcance) serão facilmente previsíveis, e que a forma de trabalho dessas pessoas seguirá os padrões de um mercado viciado nas mesmas práticas de sempre. Muitas vezes, aqueles que desprezamos serão os que mais nos darão trabalho...

Essa situação se agrava ainda mais quando consideramos que, em boa parte dos casos, há pessoas com mais dinheiro que nós e mais pique para lidar com situações que para nós são desgastantes, mas que, para eles, são desafiadoras.

Você pode estar pensando: "Elas podem ter todas essas vantagens, mas eu é que sei ensinar, e meus alunos sabem disso!". No entanto, é importante ressaltar que tais concorrentes costumam vir com uma proposta de qualidade acadêmica diferente da sua, mas dentro dos níveis que o mercado aceita e muitas vezes utilizando material adequado e um corpo de professores bem capacitado ou, ainda, com uma forte consultoria acadêmica.

Diante desse quadro, o que nos permite que suplantemos esses concorrentes e consigamos nos destacar, sobreviver e crescer? Será que não teremos que nos mexer um pouco e repensar nosso negócio? Será que não precisamos ser um pouco chacoalhados para agir?

Acreditamos então que as ferramentas e práticas de marketing, voltadas para a criação de um bom relacionamento com o cliente, representam uma arma poderosa para nos ajudar a responder essas questões e facilitar nossa sobrevivência.

Diferentemente do que algumas pessoas do universo do ensino pensam, marketing de modo algum se resume a propaganda, mentira ou enrolação. É uma área muito complexa, essencial para alavancarmos ou mantermos nosso negócio vivo.

O marketing é dotado de diversas vertentes, linhas de trabalho e de estudo, vários conceitos e também alguns modismos. De qualquer modo, existem algumas definições que nos ajudam a entender um pouco o que é marketing. Vejamos algumas definições, dentre as existentes:

- Levitt (1990) – "É o processo de atrair e manter clientes."
- Rocha e Christensen (1999) – "É uma função gerencial para ajustar oferta e demanda."
- Semenik e Bamossy (1995) – "É o planejamento e execução de idéias para criar trocas visando determinados objetivos."
- Kotler e Armstrong (1998)– "É um processo gerencial com o objetivo de atender as necessidades e desejos das pessoas."

E por aí vai... Poderíamos escrever páginas e páginas de definições, que seriam sempre complementares... e todas corretas! Já deve ter dado para sentir que em nenhum momento marketing é definido como "a arte de enganar", "um conjunto de técnicas para manipular um trouxa sem fazer esforço" ou "a ciência de mostrar mulher seminua e vender cerveja". Parece brincadeira, mas é sério! Sabemos que existe, em geral por falta de conhecimento, um certo preconceito contra o marketing, bem enraizado no mundo de ensino. Certamente você já ouviu frases como:

- "Não vou gastar com marketing... é muito caro. Prefiro investir no professor."
- "Se a escola oferece bom ensino, não precisa fazer marketing!"
- "Marketing é coisa de escola desonesta."
- "Se a escola é boa, atrai os alunos pelo seu nome e tradição."

Tais colocações não passam de paradigmas que precisam ser quebrados, pois podem atrapalhar muito seu crescimento, ou até provocar a sua derrota! Além do preconceito, muitos tendem a associar o marketing a posturas pouco éticas devido a uma confusão conceitual.

> Marketing não é mágica nem promessa impossível, e sim um trabalho sério de planejamento, pesquisa, raciocínio e experiência.

O marketing está intimamente relacionado a técnicas de administração, e não se resume a uma tentativa de "lavagem cerebral" do cliente mediante propaganda e técnicas de venda. Pelo contrário: se a instituição é orientada para o marketing, ela tende a ser mais transparente quanto ao seu posicionamento e oferecer a qualidade desejada pelo cliente.

Mas se formos analisar detalhadamente, a maior parte das instituições que lidam com ensino é orientada para o serviço acadêmico, e não para os clientes. Por isso, desenvolvem muitas vezes cursos 100% conteudistas, sem nenhum aspecto prático, e divulgam como diferencial competitivo sua equipe docente altamente qualificada. O grande problema é que se esquecem de perguntar ao aluno o que ele está procurando e o que é relevante para ele dentro da sua necessidade atual ou de suas perspectivas futuras.

Ao "fazer marketing", você procura conhecer o cliente e também se estuda, se conhece, se mostra e se coloca à disposição do mercado para suprir o que ele deseja. Contudo, não se deve, em hipótese alguma, deixar de lado a consistência de seu projeto pedagógico. Ela é fundamental para seu sucesso: se o ensino for ruim, os alunos atuais sumirão e apenas poucos novos chegarão.

Também faz parte do marketing a definição da política de preços. Os valores cobrados pelos serviços prestados precisam ser pensados e definidos para que a empresa mantenha seus lucros, mas devem ser condizentes com a forma com que você quer ser percebido pelo mercado, com o nicho em que você quer atuar e com o valor agregado que o seu serviço proporciona para o cliente. É importante estarmos conscientes de que ninguém está disposto a ser explorado.

Fuja da armadilha de pensar que marketing de uma instituição de ensino se resume a fazer propaganda. Colocar anúncios na TV com os artistas do momento não significa qualidade nem garantia de sucesso. A propaganda é fundamental, mas sozinha não faz uma empresa sobreviver. Por isso, temos que investir no relacionamento com o cliente.

As empresas que conseguem estabelecer um vínculo emocional consistente com seus clientes atuais, potenciais e com seus ex-clientes, adquirem solidez e uma grande vantagem competitiva, que é uma poderosa alavanca de vendas com alto poder de influência... e gratuita! Esse vínculo é criado por meio de um somatório de experiências positivas do cliente com a empresa, podendo ainda ser reforçado com ações de marketing social, como campanhas do quilo e do agasalho, de doação de livros ou brinquedos. Também corrobora para o estabelecimento de uma boa relação entre a instituição e seu público a participação em eventos culturais e esportivos, que sedimentam e tornam mais evidentes os valores da empresa.

Antes de mais nada, você precisa saber que tipo de experiência quer dar a seus alunos. Feliz? Mágica? Inesquecível? Será que, para isso, não precisaremos mudar um pouco nosso comportamento e nosso modo de perceber as coisas? Vejamos, então, esta estória:

No final da década de 1970, havia um grande caçador, famoso nos cinco continentes por suas caçadas monumentais e por seus feitos de bravura. Conhecido por usar com perfeição as técnicas mais antigas e tradicionais para capturar animais exóticos, se lançou ao desafio de capturar um ornitofósforo cor de mel, um animal raro descoberto havia pouco tempo e que todos os caçadores de seu país estavam cobiçando.

O ornitofósforo cor de mel vivia na Tonga Tonga e era um quadrúpede lindo, com penas brancas, pretas e amarelas, porém agressivo e com comportamento migratório, cheio de nuances bem específicas. Por ter uma carne saborosa, o ornitofósforo, que era abundante em uma certa região da Tonga Tonga, foi caçado sem piedade e estava em vias de extinção. Sua população estava diminuindo muito rapidamente.

O caçador se lançou na empreitada. Preparou-se e foi para o habitat do ornitofósforo. Chegando lá, conseguiu localizar um guia muito simpático, que demonstrou conhecer muita coisa sobre esse exótico animal e informou que se acreditava que em todo continente restassem apenas três deles.

Imediatamente, o caçador, que era muito prepotente e tinha sido influenciado pelos bons resultados que havia acumulado em sua carreira de expedicionário, começou a ser rude e impôs suas condições, até conseguir que o guia cobrasse uma quantia irrisória que, ele mesmo sabia, não daria nem para cobrir os custos de deslocamento. Não tendo como estabelecer seu preço, o guia, cuja família estava passando fome, muito a contragosto o levou ao vale onde viviam os últimos dos ornitofósforos.

Após longa caminhada, o caçador começou a traçar sua estratégia. Nesse momento, o guia tentou orientá-lo sobre como agir e sobre os cuidados necessários na região. Mas o caçador, com toda a sua experiência, sabedoria e arrogância, botou o guia para correr, dizendo que o trabalho dele havia terminado e que ele não precisava de mais nada. Pagou a quantia acordada e se lançou sozinho em busca do animal desejado.

Passados alguns dias sem sucesso, fugindo de cobras, leões e outros perigos, o caçador encontra um senhor, de origem estrangeira como ele, muito educado, simples, usando óculos grossos, uma mochila nas costas, um saco de milho e um vestido de mulher. O caçador não pôde segurar o riso, quando o senhor, com muita simplicidade, disse que também estava procurando um ornitofósforo e sugeriu que juntassem forças.

Imediatamente ele disse não ter o mínimo interesse, afirmando ainda que não o queria nem por perto. O senhor disse que respeitava a opinião dele e informou que estava apenas de passagem por aquele vale, seguindo na direção oposta à do caçador.

No dia seguinte, o senhor apareceu novamente, mas com a última família de ornitofósforos. O caçador ficou louco de raiva e perguntou como ele havia conseguido isso tão rapidamente. O senhor pacientemente lhe explicou:

— Alguns dias atrás cheguei à cidade e encontrei um guia muito simpático. Conversamos bastante e ficamos amigos. Ele estava meio triste, pois disse que tentou ajudar um estrangeiro a salvar um animal em extinção, mas o estrangeiro era tão arrogante e ele foi tão maltratado que nem conseguiu falar. Ele amava a natureza e estava com medo que os últimos animais desta espécie morressem sem que o mundo os conhecesse. Os espécimes estavam com o tio dele no vale que fica logo após este em que estamos, e se o tio não tivesse o que comer mataria os animais que eram de estimação da família. Expliquei para ele que estava procurando esse mesmo animal para fins de preservação e estudo. Ele me fez um mapa indicando o caminho a percorrer. Então, eu dei o vestido para a tia do guia e troquei alguns mantimentos pelos animais. Como as pessoas eram muito educadas, eu ainda deixei um saco de milho para que eles plantassem.

Nesse momento, o caçador ficou vermelho de raiva, e a família de ornitofósforos cor de mel começou, feliz, a revirar os olhinhos e cantar...

Nessa estória, os caçadores somos nós e a concorrência, o animal raro simboliza a clientela e o guia simboliza nossos colaboradores. Os alunos realmente estão desaparecendo e se tornando mais raros e caros, uma vez que o investimento necessário para conseguir conquistá-los é cada vez maior. Por isso, temos que definir corretamente quem é o nosso público-alvo, entender como ele faz a escolha da compra, quais são suas reais necessidades e expectativas.

Precisamos ser mais criativos, investir mais e melhor em propaganda. Cada vez mais os custos de captação aumentam e diminui a quantidade de capital disponível para investimento. Os clientes têm em mente preços que lhes são apresentados pela concorrência, que nem sempre oferece o mesmo nível de serviço. Hoje, não é você que estabelece quanto vai cobrar pelos seus serviços: o cliente informa quanto quer, ou melhor, quanto irá pagar!

Outro ponto muito importante, e que fica bem evidente na estorinha, é a importância do capital humano da empresa: é preciso que respeitemos os nossos funcionários e escutemos o que eles têm a nos dizer. Devemos deixar de ser pedantes, arrogantes e grosseiros, e reconhecer que eles estão em contato diário com o cliente, escutando suas reclamações e percebendo os erros que a nossa administração comete. Eles conhecem as histórias de nossos clientes, seus hábitos de consumo, suas expectativas, necessidades e características. Além disso, eles têm o poder de criar ou destruir um relacionamento, com a falta de tato ou de boa vontade no trato com o cliente. Em outras palavras: eles podem fazer sua empresa quebrar se quiserem... e você não vai nem perceber!

Outra boa lição que recebemos da estorinha é a de nunca subestimar a concorrência. Por mais fraca ou incapaz que ela possa parecer, e por mais forte que nos consideremos, ela pode ser muito mais eficiente que nós e, por isso, podemos aprender muito com ela... Sempre!

A próxima estorinha cabe bem no contexto da concorrência...

Dois homens estavam caçando elefantes na África. De repente, apareceu um enorme leão rugindo para atacar os dois. O primeiro, calmamente, tirou seus sapatos e calçou um tênis de corrida. O outro, indignado, disse:

— Você parece bobo! Acha que de tênis vai correr mais do que o leão?

A isso, o primeiro calmamente respondeu:

— Não preciso correr mais do que o leão! Só preciso correr mais do que você!

O leão representa todos os problemas que enfrentamos diariamente: as dívidas, a rentabilidade, os devedores, a perda de clientes, os baixos índices de captação... entre tantos outros. Eles sempre vão tentar nos devorar! Os dois caçadores novamente simbolizam a sua empresa e o concorrente, ambos buscando novos clientes (os elefantes, na anedota). O tênis é aquele pequeno detalhe, relacionado ao planejamento, ao conhecimento do mercado e da sua forma de operação, que vai fazer um sobreviver e lucrar e o outro falir ou estagnar.

Uma péssima notícia é que não existem regras para garantir o sucesso; além disso, os modelos mentais e padrões de ontem pouco servem hoje e servirão menos ainda amanhã. Assim, não existe, no mundo real, um "tênis mágico" que possa nos deixar sempre tranqüilos quanto ao êxito e à sobrevivência da empresa. O mercado é extremamente dinâmico, imprevisível, e pode ser analisado de diferentes formas. Há, entretanto, alguns conceitos e práticas que podem nos ajudar muito nessa empreitada, desde que sejam compreendidos, adaptados para sua situação e utilizados adequadamente.

Você pode pensar consigo mesmo: "O ensino que ofereço é de alta qualidade e eu sei ensinar! Mas tenho perdido tantos alunos...". Então, pergunte para si: "O que é qualidade em uma instituição de ensino?". Você pode responder que é ter um preço justo, um corpo técnico bem capacitado e instalações modernas. Porém, será que se repetirmos essa pergunta para dez pessoas, que pertençam à mesma classe social e tenham a mesma formação escolar que você, teremos a mesma resposta? E se fizéssemos a mesma pergunta para você há 15, dez e cinco anos? Será que você responderia da mesma maneira? Tenho certeza que não!

Podemos dizer que "qualidade" é um conceito vivo que, apesar de ter uma base consensual, deve levar em conta detalhes específicos de quem observa. É uma idéia em constante evolução, que se amplia e se transforma, ao longo do tempo, em função da situação econômica global e individual de cada região, de mudanças no mercado consumidor, avanços tecnológicos, valorização do tempo, queda de barreiras comerciais, aumento do acesso a informações e queda de paradigmas, entre outros.

Se levarmos em consideração que uma solução do passado pode não nos servir mais, e que glórias passadas não garantem a sobrevivência de uma empresa, podemos afirmar que atualmente ter um serviço ou produto que cumpra apenas os objetivos básicos não é mais um fator diferencial e não garante a tão desejada sobrevivência, nem mesmo a rentabilidade do negócio.

Fazer o "básico", ou seja, ensinar dentro dos padrões técnicos corretos, ter instalações adequadas, uma localização razoável e de fácil acesso, uma boa rotina administrativa, são apenas quesitos de uma obrigação que foi contratada! É o mínimo necessário para que uma empresa exista, tendo em vista o grau de competição, profissionalismo e acesso à informação que atingimos no mundo contemporâneo.

Até pouco tempo atrás, o cliente era tão desrespeitado que a empresa que cumpria suas obrigações era considerada especial, obtinha destaque, se diferenciava das outras. Ela podia até mesmo sentir-se no direito de cobrar preços acima do mercado. E o pior de tudo: esses preços eram pagos, pois a concorrência era pequena. Os consumidores, em sua maior parte, não tinham acesso a muita informação e, por isso, eram facilmente manipulados. Se um cliente em potencial quisesse algo, teria que se desgastar em pesquisas demoradas e complexas para levantar dados, e dificilmente teria parâmetros neutros de comparação entre os serviços, dependendo sempre da informação de um amigo ou do vizinho.

Atualmente, a informação está muito mais democratizada. Parâmetros de avaliação e comparação estão disponíveis na internet para qualquer um a qualquer instante, para todo tipo de produto ou serviço.

Outra mudança importante é que os preços passaram a ser impostos pelo próprio mercado consumidor. Não é mais você que informa quanto quer cobrar — é o cliente que determina quanto quer pagar. Não existe mais espaço para margens de lucro enormes ou distorções significativas de preços para empresas que optem por um mesmo público-alvo.

Como já dissemos anteriormente, deve-se admitir que os serviços, em suas finalidades básicas, são similares. As exceções são eliminadas pelo próprio mercado, que não se deixa enganar por muito tempo! Dessa forma, a única maneira de nos destacarmos, nos diferenciando dos concorrentes, é procurar agregar valor a nossa oferta por meios criativos. Assim conseguiremos fazer com que nos percebam como especiais e únicos, optando por nossos serviços em detrimento dos da concorrência. Além disso, se houver a criação de vínculos, os clientes nem sequer terão curiosidade de saber o que o concorrente tem a apresentar.

Nossa obrigação é fazer muito mais que o básico ofertado. É preciso pôr em mente que, no ramo do ensino, montar uma estrutura acadêmica, com bons professores e coordenadores, comprar instalações, contratar prestadores de serviço para estruturar uma base de administração perfeita, são ações que, por si, não garantem o sucesso. Afinal, nossos concorrentes podem fazer a mesma coisa. O que devemos é oferecer um "algo mais", um *plus*, algo que nos diferencie dos outros, que nos coloque em destaque e que possa não apenas ser comprado... algo com a nossa cara!

Essa tarefa não é fácil e, para que possamos cumpri-la de forma sólida e duradoura, devemos nos lembrar das pessoas que estão envolvidas no processo, tanto do nosso lado como "do outro lado do balcão". Suas necessidades, expectativas e suas emoções, suas idéias e ideais, seu potencial, suas características, origens e pré-conceitos.

Nos tempos de hoje, considerados como a "era do caos", as informações fluem em uma velocidade absurda, criando uma enorme instabilidade em todos os cantos. Verdades crescem e são derrubadas a toda hora. Uma imagem construída durante anos, à custa de muito esforço, pode rapidamente ser destruída. O certo pode passar a ser errado em períodos de tempo muito reduzidos; por isso, devemos estar aptos a acompanhar as mudanças de conceito, abrindo nossas mentes para otimizar o uso de nossos recursos físicos e intelectuais em prol de um trabalho de diferenciação bem feito. O lucro torna-se não apenas o objetivo do negócio, mas conseqüência de um conjunto de ações coletivas e da aplicação do potencial máximo da equipe.

Para implantar esse novo modelo de negócio, as mudanças sugeridas devem ser reais, executadas de forma consciente e planejada. Não adianta implantar conceitos novos apenas por implantar, ou por impulso. É necessária uma mudança cultural profunda na empresa e nas pessoas envolvidas, principalmente na administração, que deve tomar para si a idéia e vestir a camisa do programa; devemos "tatuar no coração" a filosofia de servir bem tirando prazer da situação e fidelizar o cliente mediante diferenciais na prestação do serviço que reflitam o que a empresa realmente é. Os clientes (alunos, seus pais, a comunidade educativa) devem ser atendidos, surpreendidos e *encantados*, com o suporte administrativo e financeiro, além do interesse, participação e comprometimento de todos.

A partir do momento em que esses novos conceitos são internalizados e todos os envolvidos reconhecem que se trata de uma questão de sobrevivência da empresa e do emprego, o processo de mudança pode ser iniciado. No entanto, todos precisam estar conscientes de que é um caminho árduo e sem volta, pois quanto maior for o nível de encantamento oferecido aos clientes, maiores serão as suas expectativas, criando uma bola de neve que sempre exigirá o exercício da criatividade.

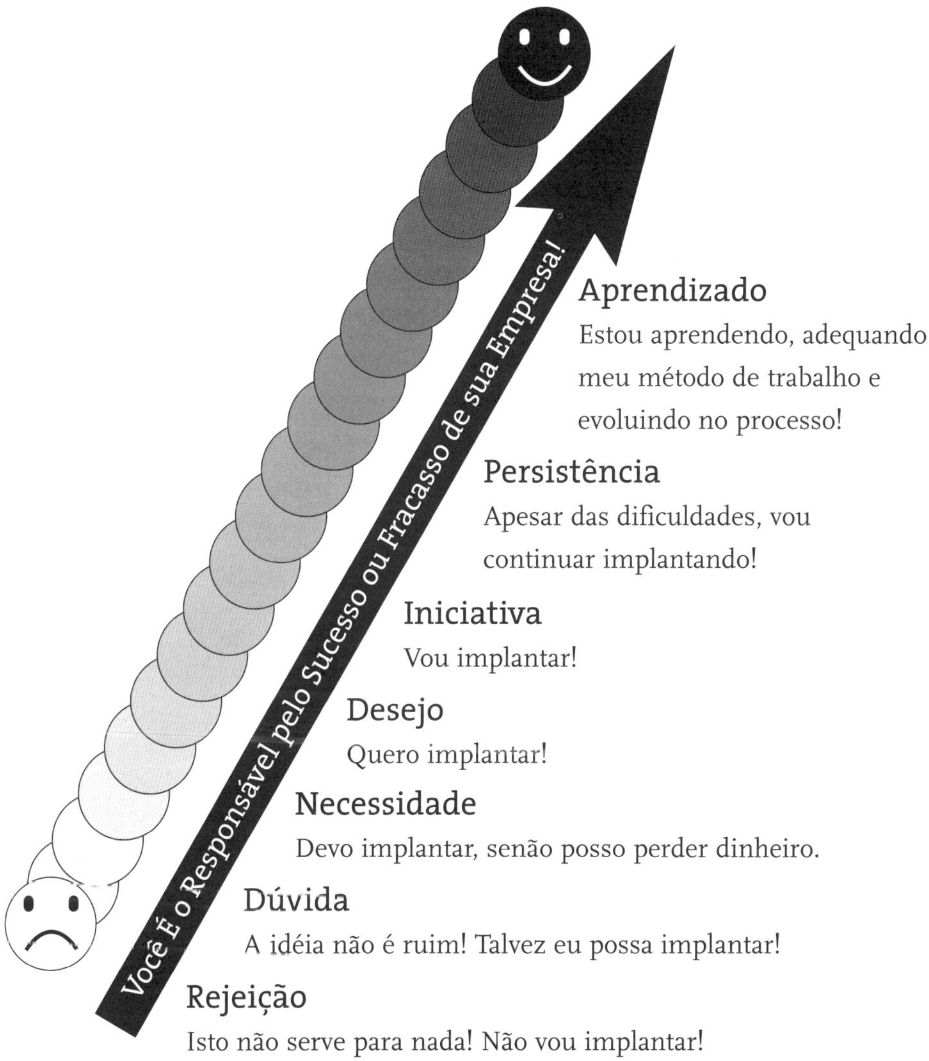

Processo de evolução

A evolução do mercado: como era, como é, como vai ser

Num passado não muito distante, havia meia dúzia de instituições de ensino que se sustentavam apenas com o próprio nome, o nome de seus colaboradores mais conhecidos ou ainda com o sobrenome da família do dono. Isso acontecia em todo lugar, mas principalmente em instituições situadas em bairros ou em cidades pequenas. Os feudos eram criados e os serviços dessas instituições eram considerados um padrão! Quem quisesse usufruir seus serviços, deveria aceitá-los daquela forma; quem não aceitasse, que fosse estudar em outro lugar.

Diretores, coordenadores e professores geralmente se portavam de forma distante, chegando a ser arrogantes. O pessoal de secretaria só dava atenção àqueles que estivessem vestidos da forma considerada adequada, tivessem um comportamento e fossem de uma classe social, dentro do "padrão da escola". Se você tivesse cara de povão, nem pensar... Para esses casos, a porta de saída era a serventia da casa.

Os funcionários eram tratados como máquinas com braços e pernas, mas sem cabeça... "Se pensar faz besteira; deixe sua cabeça ao lado do cartão de ponto" era a máxima dessas escolas. A linha pedagógica era fundamentada no pensamento de customização de Henry Ford: "o cliente tem o direito de escolher a cor do seu carro, desde que essa cor seja preta". Ou seja, "tenho minha metodologia, minha maneira de trabalhar e se você não se enquadrar, o problema é seu... vá para outro lugar!".

As salas de aula estavam geralmente lotadas e, do lado de fora, alunos esperavam uma vaga nos chamados "horários nobres". Como a oferta era muito reduzida, as empresas seguiam em frente. As pessoas que não se enquadrassem no esquema deveriam ir para outras instituições de ensino, porém se sentiam discriminadas por seus antigos colegas de classe por estudarem nesses "cursinhos menores", muitas vezes classificados como de segundo escalão.

Como a economia naquela época ainda era muito fechada, com reserva de mercado e defasagem tecnológica absurda em relação a outros países (comunicação com o exterior era uma coisa raríssima; importação ou exportação de produtos só era possível para alguns privilegiados), conhecer um segundo idioma era um diferencial para os poucos que tinham capital para investir e consideravam pagar caro sinônimo de *status*. A dificuldade de acesso à informação ajudava bastante para a manutenção desse quadro.

Porém, ao longo do tempo, isso mudou muito! As economias dos países se abriram com a globalização e uma quantidade muito grande de empresas estrangeiras passou a atuar no país ou aumentar sua participação em nossa economia. A internet tornou-se uma realidade. Com a melhoria dos canais logísticos, ficou muito fácil realizar compras, vendas e entregas em todo o globo, o que aproximou os países. Por outro lado, isso exigiu das pessoas uma melhor qualificação e bons conhecimentos na língua da matriz da empresa ou na língua do cliente (ou, quando muito, em uma língua de uso comum). O mercado passou a demandar pessoas que se comunicassem em outras línguas que não a materna.

A globalização também reduziu a defasagem tecnológica entre os países, aumentou a competição por baixos custos e forçou a briga pela melhoria de desempenho das empresas e dos indivíduos. Os técnicos passaram a ter necessidade de manter contato quase imediato com as novas tecnologias, pois não havia tempo nem capital disponível para traduções caras, demoradas e muitas vezes deficientes.

A chamada inclusão digital, aliada à evolução dos projetos de popularização da internet, aumentou a base de pessoas com acesso a informações, a textos escritos em língua estrangeira, aumentando o interesse por conhecimento e a consciência da necessidade de domínio de um segundo idioma.

O turismo, por sua vez, tem se firmado como um poderoso meio de criação de empregos e riqueza, principalmente em um país rico em belezas naturais como o nosso, em que há uma forte tendência ao aumento do trânsito de visitantes estrangeiros. Eles vêm principalmente por lazer, indicados por agências de turismo ou sensibilizados por propagandas do país no exterior, matérias em revistas internacionais, ou ainda através de parentes, amigos ou executivos que trabalham ou vieram realizar projetos específicos no país.

Esse processo gera uma necessidade de qualificação de mão-de-obra para atuar nos pontos turísticos. Essa mão-de-obra precisa ser capaz de se comunicar com esse público, que tem dinheiro para gastar mas também tem consciência do valor do seu dinheiro e, por isso, deseja receber um serviço adequado e profissional. Podemos hoje encontrar, em certas cidades do interior do país ou em capitais com forte tendência ao turismo, boa parte dos restaurantes com cardápios em dois idiomas, guias turísticos bilíngües e locais onde o atendimento ocorre na língua nativa do turista, permitindo a cobrança de preços diferenciados, refletindo o valor agregado do serviço prestado.

Já a busca por isenções fiscais, a proliferação de sindicatos menos atuantes e a grande oferta de mão-de-obra mais barata têm forçado algumas multinacionais a se mudar para o interior dos estados, ou ainda para localidades que não têm tradição na área industrial. Como conseqüência, temos o fortalecimento do investimento interno, a geração de empregos e a movimentação da economia, injetando dinheiro e mostrando a necessidade de maior capacitação de mão-de-obra.

A briga constante por redução de custos das empresas e o aumento da concorrência a uma velocidade assustadora se refletem na redução dos quadros de funcionários, no fechamento de filiais ou mesmo na quebra de empresas. Conseqüentemente, pessoas muitas vezes capitalizadas, criativas e com bons conceitos de administração (e com desejo de abrir seu próprio negócio) são atiradas no mercado, aumentando a concorrência.

Uma visível redução do tempo disponível para investir nos estudos e o aumento da ansiedade/necessidade por resultados rápidos na aprendizagem de idiomas fazem com que as instituições tenham de diversificar seu portifólio de serviços ofertados para atingir aos desejos e necessidades apresentados. Surge, então, a possibilidade de ofertas específicas como: ensino de idiomas para hotelaria; ensino de idiomas para profissionais de plataformas de exploração de petróleo; ensino de idiomas para militares, entre outras possibilidades de cursos customizados e imersões extremamente focadas para atender a públicos bem específicos.

O fato é que as pessoas estão cada vez mais sendo pressionadas, seja por este ou aquele motivo, a aprender um idioma de forma rápida e com retorno praticamente imediato de seu investimento... Além disso, os clientes estão muito mais conscientes de seu poder de barganha e da competitividade do mercado de ensino. Caso as instituições não entendam essa nova dinâmica e não busquem suas próprias soluções e caminhos para se diferenciar no mercado, certamente terão problemas para permanecer operando.

O crescimento das franquias de ensino por todo o país, seguindo uma padronização e unindo as forças individuais dos franqueados, consegue alavancar um montante elevado para investimento em propaganda, tendo também um bom poder de barganha em função do volume na compra de suprimentos e materiais. Como conseqüência disso, conseguem atingir baixos custos de operação e elevar suas margens de lucro. Além disso, juntos os franqueados conseguem sustentar uma estrutura acadêmica e de planejamento administrativo fortes, que pode(ria) e deve(ria) dar suporte para os problemas técnicos do franqueado, direcionando o relacionamento com o cliente e o gerenciamento de forma eficaz.

O mercado de ensino de idiomas tem lucrado com os adolescentes, que estão atingindo níveis lingüísticos cada vez mais elevados com menos idade. Embora sintam sérias dificuldades em debater assuntos "adultos", por não terem maturidade ou experiência de vida suficiente, os jovens de hoje são, em relação aos jovens de algumas décadas atrás, muito mais dinâmicos e audaciosos, com uma intensa volatilidade de interesses

— trocam de banda preferida como se troca de roupas, por exemplo. O que está na moda hoje, amanhã nem é mais lembrado. Os interesses são totalmente diferentes das gerações passadas e o acesso à informação através de vários canais aguça ainda mais a curiosidade.

As instituições precisam conhecer essa dinâmica. Afinal, como podemos conversar com esses clientes sem conhecer suas características, habilidades e anseios?

Não só os adolescentes, mas as crianças também estão cada vez mais dinâmicas e "sintonizadas". Alguns colégios têm oferecido, como diferencial na grade curricular, o ensino de idiomas para crianças a partir de dois anos de idade. Esse fato se relaciona inclusive ao acesso que elas possuem, desde muito cedo, às tecnologias digitais e à internet. Diz uma anedota que chegará o dia em que os óvulos já sairão dos ovários procurando um *cibercafé*; os espermatozóides usarão GPS para saber como se situar dentro do útero; os bebês já nascerão querendo um *desktop* com acesso de banda larga à internet, para criar a sua comunidade virtual e escrever *scraps* para os amigos; dentro do berçário, procurarão um celular para mandar torpedos para o bebê ao lado; suas primeiras palavras, em vez de "papai" e "mamãe" serão: *notebook* e *palmtop*.

Colégios particulares percebem, cada vez mais, a importância do ensino de línguas estrangeiras desde cedo, e partem para a implementação de centros de idiomas em suas dependências. Muitos possuem excelente infra-estrutura, bons professores, além da imagem e do "aval" de uma entidade que é conhecida como fornecedora de serviços de qualidade, que os pais já conhecem e na qual confiam. Percebemos também o aumento da terceirização do ensino de idiomas em escolas particulares, principalmente com a parceria de franquias com marca estabelecida. Em alguns casos, além dos alunos do colégio, o curso abre vagas para clientes externos.

Programas de computador para ensino de idiomas são vendidos a preços baixos, assim como as coleções de "cursos completos de ensino de idiomas" vendidas em bancas de jornal, revistas especializadas com textos, matérias e dicas para melhorar o conhecimento e a fluência em uma língua estrangeira, DVDs sobre o tema e séries de livros com propostas alternativas de metodologias de ensino.

É marcante também o avanço dos serviços de ensino à distância, com o uso de *chats*, salas de videoconferência e outras possibilidades que surgiram com os avanços tecnológicos e a popularização da internet.

Em resumo, encontramos:

- Maior necessidade de aprender o idioma para fins específicos.
- Menor disponibilidade de tempo para se aprender um idioma.
- Maior número de opções para se aprender um idioma.
- Maior sensibilidade ao custo (e não ao preço pago) para o aprendizado de um idioma.
- Mudança da dinâmica da concorrência no ramo.
- Maior nível de acesso a informações por parte dos clientes.
- Mudança constante no comportamento dos clientes.
- Crescimento da utilização de tecnologia no ensino tanto presencial como à distância.

Como vimos, o mercado tem se apresentado extremamente dinâmico, tendo mudado radicalmente durante os últimos anos. O que hoje é condição mínima de manutenção de uma empresa no mercado amanhã poderá ter sua importância rebaixada em função de um novo conceito, evolução ou necessidade. Como exemplo podemos citar que, há alguns anos, não era tão grave perder um cliente: sai um, entra outro. Hoje, porém, a perda de um cliente tem um impacto imenso na rentabilidade e na sobrevivência da empresa. Isso porque o valor individual do cliente foi reavaliado: não se considera apenas quanto ele paga por mês, e sim quanto ele pagaria se completasse todo o período previsto dentro da instituição de ensino, além do valor que ele poderia trazer para a empresa ao indicar outros alunos.

Como se vê, a dinâmica dos negócios tem se modificado de forma assustadoramente rápida. Quem não acompanha as mudanças que o ambiente impõe, ou seja, quem não começar a implementar uma política de evolução constante, está fadado ao fracasso e abrirá espaços que serão ocupados por concorrentes.

Um colega que trabalha como supervisor em uma indústria multinacional falava, numa conversa, sobre os avanços que ele havia conquistado recentemente na sua seção. Ao longo da conversa, nos conscientizamos de que aqueles avanços foram bons naquele momento. Porém, embora tenham sido importantes, deveriam agora ser relegados a um segundo plano, pois as ameaças atuais eram outras e se ele não adotasse uma postura forte voltada para as demandas do presente e uma visão de futuro, a seção correria riscos. A necessidade atual era outra, totalmente diferente da anterior.

O passado nos ensina a lidar com o presente e nos preparar para o futuro; no entanto, ele não deve funcionar como uma camisa-de-força, nos impedindo de evoluir constantemente. O aluno que entrou ontem não vai garantir sozinho a sobrevivência e a manutenção de sua empresa ao longo dos anos. Ele vai ajudar muito, mas você precisa de outros alunos, de outras conquistas!

O mundo gira cada vez mais rápido; os negócios, as pessoas e suas necessidades estão em constante mutação. Podemos comparar essa situação ao movimento de uma panela de água em plena ebulição: nada permanece estável! Há inúmeros casos recentes de grandes instituições que eram expoentes em suas áreas e que inverteram meteoricamente sua linha de crescimento ou quebraram. Em processo inverso, empresas que há muito pouco tempo eram inexpressivas hoje começam a incomodar os "gigantes". Estes estavam tão seguros de si que se esqueceram de atender a certos mercados ou cometeram o crime de se esquecer do cliente, abrindo frestas para o crescimento dos concorrentes. É por isso que empresas cuja ação estava restrita a uma região hoje ganham expressividade nacional!

E no ramo de ensino de idiomas, será que as cinco maiores empresas de dez anos atrás ainda estão na mesma posição? Qual a sua opinião? Será que algumas não se transformaram em "elefantes brancos" ou "museus" e foram encolhendo? Reflita um pouquinho a esse respeito.

Dessas situações, podemos extrair algumas observações importantes:

- O êxito do passado não significa o sucesso de hoje nem a sobrevivência de amanhã.
- As mudanças existem, são incontestáveis e cada vez mais velozes e radicais. Elas não vão aguardar a sua boa vontade ou disposição para acompanhá-las.
- Se você não fizer logo e não fizer bem feito, alguém o fará; você será comido pelo nosso amigo leão, lembra dele?

Quer sobreviver e prosperar? Então não pense e não permita que seus companheiros pensem assim:

- "Adoro minha máquina de escrever e não troco por computador nenhum!"
- "Controlo meus alunos por fichas, que são maravilhosas! Pra que modernizar?!"
- "Não vou falar com esse cara, pois está mal vestido e tem cara de pobre!"
- "Meu curso tem tradição, estou há trinta anos no mercado! Não preciso de propaganda!"
- "Eu não disse para você fazer?! Então faça! Sua opinião não me importa!"
- "Infelizmente, se seu filho está doente o problema é seu! Não é justificativa para você se atrasar amanhã!"
- "Aqui só eu penso, entenderam?!"
- "O serviço do Fulano sempre foi péssimo! Por isso nem me preocupo com o curso dele."
- "Perdeu um aluno?! Não esquenta, que logo entra outro!"
- "Uso este livro há quinze anos e não tenho problema algum. Não vou mudar!"

- “Não preciso de treinamento nenhum! Eu me basto!”
- “Eu dou minha aula bem dada; se o aluno não presta atenção, o problema não é meu!”
- “Sou pago só para dar aula!”
- “Lá vou eu me esforçar para dar dinheiro ao patrão! Era só o que faltava!”
- “Computador não serve para nada!”
- “Não quero assistir palestra sobre adolescentes, já os aturo todos os dias e não tenho mais nada a aprender!”
- “Não sei por quê, mas me ensinaram desse jeito, e é assim que tem que ser feito!”
- “Sinto muito, mas não posso fazer nada!”
- “Deu meu horário e eu vou embora. A dona Maricotinha chega daqui a dez minutos e vai atender o senhor. É só esperar naquela cadeira ali.”
- “Aqui não pagam hora extra, então não fico nem mais um segundo além do meu horário!”
- “Não negocio nada, este é meu preço e pronto!”

Pode parecer estranho, mas nos dias de hoje ainda ouvimos constantemente essas frases, ditas com convicção por pessoas lúcidas. Sejamos sinceros: todas essas frases foram ouvidas (e não inventadas por nós) em visitas a escolas e em congressos.

Precisamos saber que muitas das instituições que quebraram, encolheram ou estão com dificuldades financeiras acreditavam ou ainda acreditam nessas colocações. E muitos dos professores e dirigentes que disseram frases como estas ou concordavam com tais idéias estão desempregados ou passando por dificuldades.

Então, vale reforçar: precisamos mudar, antes que os clientes e o mercado nos mudem à força!

O que é um serviço?

Segundo Kotler (2000), "serviço é qualquer ato ou desempenho essencialmente intangível, que uma parte pode oferecer a outra e que não resulta na propriedade de nada. A execução de um serviço pode estar ou não ligada a um produto concreto". De acordo com a Associação Americana de Marketing, "serviços são aquelas atividades, vantagens ou mesmo satisfações que são oferecidas à venda ou que são proporcionadas em conexão com a venda de mercadorias".

Há uma infinidade de outras definições para serviço que apresentam pequenas diferenças na forma de redação e espelham as visões individuais dos autores, com seu fundamento, motivo e adequação.

Analisando parte da literatura existente sobre o assunto, podemos considerar que qualquer tipo de oferta comum, feita por uma empresa ao mercado, se encaixa em uma das seguintes categorias:

- *Venda de um bem tangível* — É a venda de um produto, ou seja, um bem físico que se pode olhar, pegar, cheirar, medir, sentir. Algumas vezes, esse produto está em uma prateleira: a pessoa pega o produto e paga, e a venda daquele produto acaba ali (por exemplo, uma caixa de fósforos).
- *Venda de um bem tangível associado a um serviço* — O produto

é o principal, mas ele vem acompanhado de uma série de serviços. No ramo de ensino de idiomas, um bom exemplo é o da venda de livros didáticos. A editora tem seu foco na venda do livro, que é um bem tangível. Porém, vende junto o serviço de treinamento dos professores na metodologia do livro ou um serviço de apoio pedagógico.

- *Venda híbrida* — Tanto o bem como o serviço têm a mesma importância. Esse é o caso de um restaurante refinado. Imagine que você está em situação indefinida com aquela paquera, e vocês resolvem jantar juntos. Ora, a comida é extremamente importante (o sabor, o cheiro, a textura, a aparência...), mas o ambiente e a forma como vocês serão servidos também fazem parte da compra. Imagine a comida perfeita servida por um garçom tipo ouriço, cheio de espinhos, que a toda hora "fura" você (na hora do beijo tão esperado, ele vem e enfia o menu de sobremesa entre os pombinhos), ou que, ao servir o vinho tinto, derrama-o em seu vestido ou na sua camisa de seda, até então branquinha como nuvem... quebra o clima!
- *Venda de um serviço associado a um bem tangível ou a serviços secundários* — É nesse caso que nos encaixamos. Estamos vendendo o ensino acadêmico, o conhecimento de um novo idioma, mas também vendemos o serviço de divulgação, o serviço de secretaria e, muitas vezes, o material didático e o "aluguel" de nossas instalações (no caso de ser um serviço prestado dentro da instituição de ensino, como ocorre na maioria das situações).
- *Venda de um serviço puro* — Esse é o caso da modalidade de ensino *in company*, que ocorre nas instalações do cliente e na qual apenas prestamos o serviço. Mesmo nesse caso, ocorre tangibilidade de parte do serviço prestado (apresentação e postura do professor e das pessoas que têm contato com o cliente); no entanto, a aula em si é um serviço puro.

Independentemente da definição, podemos destacar algumas características que encontramos em um serviço e que nos ajudam a entender um pouco melhor o assunto.

Os serviços são intangíveis

Um produto é um bem físico, tangível. Ele pode ser tocado, medido, avaliado de forma clara e objetiva antes da compra, e a sua qualidade pode ser comparada facilmente a um padrão especificado ou estabelecido. No caso dos serviços, a conceituação de qualidade não é tão fácil. Afinal, eles são intangíveis, não são materializados e não podem ser tocados, mas sim percebidos. Assim, na quase totalidade das vezes, é impossível avaliar diretamente um serviço antes da compra.

Para ficar mais claro, vamos comparar duas situações. Se você quiser comprar um quadro branco, terá que definir o material, o tamanho do quadro e ir ao mercado procurar. Você vai ter parâmetros claros para avaliar se o material do quadro é fórmica branca ao fundo e vidro transparente de 3 milímetros de espessura na frente, se a dimensão é de 2 metros de largura por 1,5 metro de altura e se tem dois ganchos para fixação na parede.

Agora, se você contratou um advogado e ele perdeu a causa, como você vai avaliar a qualidade do serviço prestado? Qual o parâmetro físico a ser medido? Ele pode muito bem ter defendido você de forma esplêndida, ter sido tecnicamente perfeito... mas e daí? O mesmo serviço pode ser avaliado por você como péssimo e por outra pessoa como ótimo!

O mesmo ocorre no ensino de idiomas: por mais correta que seja sua estruturação de negócio ou sua metodologia pedagógica, será que o cliente vai perceber assim? Será que ele vai notar que está aprendendo de forma crescente, ou será que durante o curso ele vai achar que está sendo enganado, pois o colega conhece algumas palavras e ele não, e vai pedir ao pai para sair? Será que ele vai reconhecer que não está estudando em casa ou fazendo os exercícios?

Em serviços, a avaliação da qualidade depende muito da percepção de quem está julgando e ainda do seu "estado de espírito" naquele momento. Em geral, se inicia com a avaliação de risco, que começa com o primeiro contato com a empresa, seja por intermédio de algum comentário, um contato com alguma peça de marketing ou com o deslocamento do possível cliente até para a empresa, e continua durante toda a prestação do serviço principal ou dos serviços secundários, ou seja, depois que o contrato já tiver sido estabelecido.

As pessoas fazem, utilizando diversos critérios, comparações entre o que está sendo percebido e os parâmetros de qualidade que elas esperavam. Tais expectativas são formadas por suas necessidades, pela formatação de promoção da empresa, por alguma experiência anterior (boa ou ruim) ou ainda por comentários de conhecidos. Esses comentários, aliás, têm um peso importante na formação de expectativas sobre serviços a serem recebidos.

Para o cliente, a impossibilidade de avaliação prévia gera medos: medo de optar pela empresa errada, medo de estar sendo enganado ou, em alguns casos, receio por não saber o que realmente quer, sua real necessidade! Para minimizar o receio de compra, pode-se tangibilizar uma parte do serviço, ou seja, criar referências físicas que ajudem a construir um ambiente favorável, ou ainda uma situação que reflita o nível de qualidade do serviço prestado. Isso tudo deve ser coerente com nossa estratégia de propaganda, nossa ação do dia-a-dia e nossos valores.

Em uma escola ou instituição de ensino, a tangibilização deve levar em conta diversos fatores: instalações, apresentação da equipe, organização, uniforme, conservação e adequação dos laboratórios e da estrutura de apoio, postura das pessoas que têm contato com o cliente, entre outros. Em conjunto, esses fatores geram uma experiência sensorial no cliente, que, caso seja coerente com suas expectativas, reduz sua avaliação de risco.

Por outro lado, se você vende a idéia de um serviço de alto nível, mas suas cadeiras são velhas, sua secretária está usando uma roupa suja, a tinta da parede está descascando e as pessoas são grosseiras, acontece o que alguns autores chamam de "dissonância cognitiva". Abordaremos o assunto adiante, mas, resumindo, ela é o choque que ocorre quando temos uma grande divergência entre a expectativa criada e o que se está materializando a nossa frente. Isso serve de alerta, aumentando muito a avaliação de risco por parte do possível cliente e dificultando a concretização da compra.

Serviços não geram aumento de patrimônio

Outro ponto interessante é que os serviços, apesar de serem comprados, não geram propriedade ou aumento de patrimônio. Quando se vai ao cabeleireiro, você compra a transformação do seu cabelo, mas não sai de lá com nenhum bem debaixo do braço. Se precisar de um dinheirinho depois, você não conseguirá vender seu belo corte de cabelo! Da mesma forma, ninguém consegue colocar a aula recebida em um belo saquinho e vender no mercado da esquina.

O que o cliente deve fazer: investir em um curso de idiomas ou juntar o dinheiro para comprar uma motocicleta, que é um bem físico do qual ele tem a posse? Ao contrário do curso, ao comprar uma moto o cliente passa a ter propriedade sobre ela, bem como a possibilidade de venda futuramente. Assim, passa também a ter uma maior liquidez.

É evidente que o conhecimento tem um valor imenso e que pode ajudar muito alguém, não somente a conseguir ganhos salariais, como também a melhorar seu acesso a informações, aumentar seu nível cultural... isso é indiscutível! A idéia, aqui, é apenas destacar a diferença entre produtos e serviços: um você vende e obtém liquidez, podendo convertê-lo rapidamente em dinheiro vivo; o outro não.

Diz o ditado: "Não dê o peixe, ensine a pescar". Ele é muito sábio, mas muitas vezes estamos com fome... e não há ninguém que possa se alimentar comendo *nylon*, vara de pescar e anzol! O que se quer é comida! Dependendo da camada social à qual dirigimos nossos serviços, como responder a essa questão torna-se fundamental: devemos ter isso em mente ao preparar nossa estratégia de comunicação de marketing e nosso *script* de divulgação.

Simultaneidade entre a produção e o consumo

Outra característica dos serviços é a de que não podem ser estocados. São consumidos, em geral, na hora e local em que são produzidos.

Se uma indústria de materiais de escritório fabrica cem grampeadores com defeito, ela pode atender ao cliente com um estoque já existente ou acelerar a produção, refazendo o lote. O erro existe, vai causar um prejuízo para a empresa, mas o cliente não é *diretamente* afetado (nem vai saber o que aconteceu).

Mas como isso ocorre no caso de uma escola de idiomas? Vamos imaginar que nossa escola tem uma pessoa responsável pela divulgação, e que cheguem três pessoas simultaneamente para serem atendidas: duas vão ficar esperando. A impressão que vai ficar pode ser de descaso ou de desorganização. Será que podemos estocar divulgações na geladeira para utilizá-las quando necessário? Claro que não! Serviço não se estoca: em geral, ele é um processo de interação entre o prestador e o cliente e, em muitos casos, precisa da presença do cliente para acontecer.

Um exemplo importante ocorre na modalidade tradicional de ensino de idiomas (estamos excetuando as metodologias de ensino à distância, principalmente via internet, bem como o ensino ministrado no ambiente do cliente, como aulas particulares ou dentro de empresas), onde a presença física do aluno e do professor é indispensável. Nesse caso, precisamos de cuidado redobrado com as acomodações que, além de redutoras de percepção de risco (ou sejam, precisam ser limpas, conservadas e adequadas), servirão de acomodação para os clientes. Ou seja, é fundamental que as instalações da escola sejam confortáveis!

Em geral, a demanda por serviços oscila ao longo do dia e do próprio mês, gerando muitas vezes picos e depressões fortes no número de pessoas que circulam dentro da empresa ou nos pontos de atendimento. Ações precisam ser tomadas para que esse fluxo seja o mais constante possível. Dessa forma, o cliente poderá ser bem atendido e não levará consigo a percepção de desorganização e descaso.

Algumas ações tomadas pelo mercado, geralmente eficazes, são:

• Primar por instalações adequadas e confortáveis para que o cliente fique bem instalado durante a espera, sem se sentir incomodado.

• Oferecer entretenimento durante a espera. Por exemplo, uma TV exibindo um vídeo institucional ou algo agradável, revistas relacionadas ao tema de ensino, cafezinho, água... enfim, condições para que a pessoa se distraia e não esteja atenta à passagem de tempo.

• Não deixar relógios expostos, lembrando ao cliente que ele está perdendo tempo!

• Reduzir ao máximo a ocorrência ou o tempo necessário para receber pagamento, principalmente se a equipe responsável por essa tarefa for a mesma que efetua matrículas e divulgação. Simplifique o processo!

• Dependendo do *layout* da empresa, evitar ao máximo que grupos de alunos impeçam o acesso ou concorram com a recepção de alunos potenciais. Se possível, separe os ambientes.

• Incentivar políticas de preços diferenciados ou outro tipo de incentivo que permita uma ocupação mais coerente e constante de suas instalações e de seu pessoal ao longo dos dias.

É importante ressaltar que a presença do cliente na escola sempre gera para ele a necessidade de deslocamento e um investimento de tempo nesse deslocamento. Ele considera esses fatores na hora de tomar uma decisão; por isso, qualquer elemento que imponha empecilho, como estar em um local de difícil acesso, não ter local para estacionar, demoras de atendimento etc., pesará negativamente na sua decisão.

Por outro lado, o contato prestador–cliente permite uma interação, troca de informações e conhecimento. Ao longo do tempo, isso permite que o prestador saiba o que fazer especificamente para atender os anseios daquele cliente e para se destacar dos demais concorrentes do mercado.

Outro exemplo interessante de simultaneidade entre produção e consumo é a própria aula: o professor está ensinando ao mesmo tempo que o cliente (que é o aluno) está recebendo as informações e aprendendo. Não existe tempo para erros, nem estoques para atender e cobrir falhas. O coordenador pedagógico não tem como receber o ensinamento do professor, avaliar sua qualidade e repassá-lo, filtrado e corrigido, para o aluno. Do mesmo modo, não existe uma aula engarrafada que você possa utilizar para substituir uma aula ruim. O que acontece dentro da sala de aula não pode ser esquecido e apagado. Por outro lado, o contato com o aluno permite ao professor descobrir qual a melhor forma daquele aluno aprender, o que ele gosta e o que deve ser usado como exemplo para atrair sua atenção, quais as atividades que devem ser estimuladas e quais devem ser inibidas.

Individualidade na prestação de serviços

O que ocorre durante a prestação de um serviço é a interação prestador-cliente. Essa relação não pode ser totalmente padronizada, pois envolve seres humanos que não têm comportamentos ou reações idênticas. É possível padronizar processos a fim de produzir uma repetibilidade mínima do nível de qualidade dos serviços prestados e uma manutenção dos valores da empresa. Para que isso ocorra, é preciso não só formalizar os procedimentos, que devem apresentar flexibilidade e se ater ao que é realmente essencial, mas também, e principalmente, investir pesado em treinamento e na definição do perfil ideal para cada função, e em processos seletivos bem estruturados. Após a contratação, convém nunca "jogar" um funcionário recém-contratado para lidar com o cliente, sem antes treiná-lo e verificar se ele está realmente capacitado para executar a tarefa dentro da cultura da empresa.

É evidente que as pessoas se tornam mais flexíveis se o funcionário traz, no crachá, a indicação de que está em treinamento. Contudo, se ele está em treinamento, deve-se colocar alguém para supervisioná-lo e dar suporte, evitando que erros sejam cometidos. O cliente não tem culpa se você perdeu um funcionário ou decidiu ampliar seu quadro de funcionários.

Vejamos outra situação:

Imagine uma paquera em um barzinho como uma prestação de serviços: a pessoa tenta se aproximar e "vender" suas qualidades para outra em um curto espaço de tempo. Ora, não existem cantadas-padrão para ruivas, loiras, magros ou gordos. As personalidades, histórias, conceitos, memórias e atitudes variam de acordo com cada indivíduo, e você, como galante Don Juan ou Mata Hari, tem que rapidamente "sentir" a pessoa e saber como conquistá-la. Se você falar uma bobagem ou cometer uma gafe séria, vai passar uma péssima impressão e provavelmente fracassará, pois sua parceira ou parceiro o considerará inconveniente, chato ou mentiroso.

Apesar da brincadeira na comparação, conclui-se que a qualidade do serviço prestado está intimamente ligada à percepção do cliente e aos seus anseios – anseios esses que, muitas vezes, o cliente não consegue expor com clareza. Nesse caso, o prestador precisa estimular o cliente e procurar perceber suas expectativas.

Obviamente, essa é uma tarefa complexa. Se tentarmos atender a todos de forma totalmente individualizada, acabaremos não atendendo a ninguém. Como já foi dito anteriormente, deve-se criar uma rotina: o serviço precisa ser desenhado para atender a um comportamento mais comum; porém, essa formatação precisa ser flexível o bastante para se adaptar às necessidades individuais de cada cliente, dentro de uma faixa de tolerância que a empresa está disposta a aceitar. Ou seja: não faça loucuras, atenda ao cliente dentro de suas reais possibilidades e deixe bem claro quando não for possível atendê-lo, e por quê!

Esse é um dos motivos pelos quais devemos definir bem o perfil de nosso negócio e de nosso público-alvo. Isso nos permitirá estruturar a prestação de serviços para atender a um "perfil médio esperado", sem contudo negligenciar as flexibilizações necessárias para atender às necessidades individuais.

É muito difícil proteger um serviço

Serviços não podem ser protegidos por patente e são rápida e facilmente copiados. Isso exige uma constante mudança e renovação, mediante um contínuo exercício de criatividade. Embora constitua um fator de instabilidade, essa característica tem seu lado positivo, pois coloca-o sempre em cheque, levando-o a uma superação constante. Se você encarar isso como um desafio, poderá se desenvolver, desvendar caminhos e proporcionar novas ofertas – criar "musculatura" para surpreender o cliente!

É muito complicado definir um preço

Ao comprar um serviço, o cliente compra na realidade uma promessa. Ele acredita que vai receber o que foi comprado, ou seja, faz negócio baseado na credibilidade. Isso traz consigo um alto grau de risco, principalmente quando não se tem experiência prévia com o tipo de serviço comprado ou com o prestador em questão.

O preço, as referências de amigos ou familiares, a garantia ofertada e o histórico da empresa são alguns dos aspectos que servem como indicadores de qualidade para o cliente. Eles minimizam a percepção de risco e aumentam o valor que o cliente está disposto a pagar. Nossa função, então, é facilitar ao máximo a tomada de decisão por parte do cliente e tentar saber quanto ele está disposto a pagar pelo serviço e pela oferta. No entanto, devemos ter sempre em mente que o negócio visa ao lucro; logo, nosso objetivo é maximizar a rentabilidade da instituição, dentro de limites e parâmetros aceitáveis e justos.

Nas decisões de compra, os clientes querem sentir que estão obtendo, pelo menos, o equivalente àquilo que pagaram. Eles percebem o valor de um serviço quando capazes de diferenciar e identificar os benefícios que lhes são oferecidos. Para isso, as empresas têm de entender o que o seu público-alvo considera como benefício e quais são os fatores de redução de risco que devem ser enfatizados.

É óbvio que, além disso, é necessário descobrir também o que seus concorrentes estão fazendo e os preços que estão praticando, para que você saiba onde exatamente quer ou pode se encaixar, nesse mercado, ao definir sua política de preços. Não é à toa que se diz que estabelecer o preço é um exercício muito mais voltado para fora (clientes e concorrência) que para dentro (custos). Afinal, as condições de mercado e o modelo do seu negócio vão indicar quanto você poderá cobrar. Essa perspectiva é completamente distinta daquela que se costumava ter no passado, quando, após calcular seus custos e estipular o lucro desejado, o prestador gerava seu preço final. Agora, as coisas são diferentes, e não vai ter outro jeito: para ter lucro, você terá que ajustar seus custos internos, de modo a suportar o preço que o nicho de mercado em que você resolveu atuar aceita pagar.

Para cursos de idiomas, quando o seu modelo de negócio permite a comercialização de material didático, a definição de preços para ele deve ser pensada com muito cuidado, pois se torna um fator muito importante não somente em termos pedagógicos, mas também financeiros. O custo final desse material é importante para a manutenção do cliente e pode converter-se em importante fonte de renda para a empresa, ou mesmo fonte de prejuízo. Prazos, forma de pagamento, inadimplência e práticas ilegais da concorrência (como venda de fotocópias de livros) devem ser considerados na formação de preços.

O mix de marketing

Outro ponto muito interessante de diferenciação entre serviço e produto, além das características já mencionadas, é o chamado Mix de Marketing (ou Composto de Marketing), ou seja, o conjunto de "ingredientes" geridos pelo marketing para atingir os objetivos de mercado. Esses "ingredientes" são conhecidos como 4 Ps:

- *Produto* (*Product*) — É o bem tangível que supre as necessidades e desejos dos consumidores.
- *Praça* (*Place*) — É o canal de contato com o cliente, ou seja, a distribuição física dos produtos no mercado (pontos de venda).
- *Promoção* (*Promotion*) — É a divulgação do produto e de suas características junto ao cliente.
- *Preço* (*Price*) — É quanto o produto custa para o cliente — não apenas quanto ele paga, o valor do produto, mas todo esforço, seja ele físico (como deslocamentos necessários para se chegar ao curso), psicológico (como sentir-se angustiado ou mal por ter de ir à aula, ou ainda se sentir menosprezado por algum funcionário) e quaisquer outros fatores utilizados para se obter o produto ou serviço.

Quando falamos de serviços, o Mix de Marketing muda um pouco: o P de produto passa a ser um S de serviço e a distribuição, representada pelo P de praça, torna-se mais complexa, pois inclui muitas vezes o deslocamento de uma equipe de sua instituição para dentro de um local que pertence a seu cliente (por exemplo, um curso de idiomas que funciona dentro de uma indústria com altíssimo risco de acidentes). Isso, em especial, acarreta a inclusão de sua cultura dentro de uma outra empresa: a conceituação e a dinâmica de formação de preços ficam diferentes, a percepção de risco aumenta e a promoção "boca a boca" passa a ter maior relevância.

Além disso, o mix passa a ter 7 Ps, com a inclusão de três novos "ingredientes":

- *Pessoas* (*People*) — Todos os indivíduos, internos ou externos à empresa, envolvidos direta ou indiretamente na produção e no consumo do serviço, que terão um papel em seu desenvolvimento.
- *Processos* (*Process*) — São os procedimentos e mecanismos da prestação e do consumo de um serviço. Muitas vezes tais processos, em face da forma como o serviço é avaliado, têm um peso mais importante para o cliente que o resultado final.

- *Evidências Físicas* (*Physical Evidences*) — Inclui tanto o ambiente como a materialização de parte do serviço: estrutura física da empresa, apresentação dos funcionários, disponibilização de equipamentos etc.

Ou seja, na prestação de serviços há maior destaque para as pessoas envolvidas. Também surge a necessidade de uma definição clara dos processos: deve-se promover uma certa padronização na forma de prestação dos serviços, ou seja, a repetibilidade do nível de qualidade do serviço prestado. Por fim, enfatiza-se a necessidade de se tangibilizar o serviço através de estrutura física da empresa, quer dizer, mostrar de forma concreta a "cara da empresa" e transmitir tranqüilidade, reduzindo a percepção de risco.

Quando falamos de produtos, é possível medir a qualidade; no caso dos serviços, por outro lado, isso é praticamente impossível! Para oferecer um serviço de qualidade satisfatória, nosso foco deve estar então na estruturação e oficialização de um processo de atuação claro e eficiente, porém flexível, contando fortemente com as pessoas e toda a sua capacidade de ler sinais e conduzir processos, sabendo o que é regra e como administrar as exceções.

É importante saber também que quanto maior for a empresa, maior será o número de interações entre a empresa e seus clientes, mais diversas serão as características dos colaboradores e as necessidades dos clientes. Isso aumenta ainda mais os riscos de ocorrência de falhas sérias; conseqüentemente, cresce a necessidade de investimentos em uma estruturação prévia e sólida dos processos, contratação, treinamento de pessoal, avaliação de desempenho e interiorização da cultura da empresa.

Toda vez que a empresa e o cliente entram em contato, seja por meio da estrutura física da empresa, de uma peça de propaganda ou de um de nossos colaboradores, falamos que houve um "momento da verdade" (termo criado por Normann [1984, ed. bras. 1993]). É nessas oportunidades que a empresa realmente se mostra ao cliente, que pouco a pouco forjará em sua mente a imagem da empresa e a qualidade do serviço.

O "ciclo do serviço" (Albrecht, 1992) é a seqüência dos momentos da verdade vivenciados pelo cliente durante a prestação do serviço. Transferindo a idéia para o universo educacional, temos o seguinte ciclo:

Ciclo de um serviço

Nem todos os momentos da verdade de um ciclo de serviço têm a mesma importância para o cliente. Alguns momentos são mais críticos e têm uma importância fundamental para o cliente na percepção de qualidade do serviço. Devemos, então, concentrar nossos esforços em entender quais são os pontos mais importantes para o cliente e o que ele valoriza, e investir esforços para que tais pontos sejam perfeitos, sem desprezar os demais. Trata-se, aqui, de estabelecer prioridades de esforços sem negligenciar a administração do conjunto.

Quando, em um "momento da verdade", conseguimos surpreender positivamente nosso cliente, ou seja, quando agimos de uma forma não esperada, ultrapassando muito suas expectativas, dizemos que houve um momento de encantamento — um "momento mágico"; por outro lado, quando o inverso acontece, ou seja, quando surpreendemos negativamente um cliente, dizemos que houve um "momento trágico". Infelizmente, a linha que separa esses dois tipos de situações é bastante tênue: muitas vezes algo que pensamos ser muito bom pode tornar-se muito ruim; de modo análogo, um problema bem solucionado pode tornar-se um ponto extremamente positivo. A chamada "fidelização", ou seja, a situação de um cliente que se considera parte da empresa, que a divulga e a defende e não pensa sequer em procurar a concorrência, é bastante influenciada pela ocorrência desses momentos "especiais".

Um último ponto muito importante, mencionado anteriormente e agora abordado de forma mais profunda, é a avaliação um serviço. Gianesi e Corrêa (1996), por exemplo, elaboraram uma lista de critérios de avaliação da qualidade de um serviço, que analisadas dentro do universo do ensino de idiomas se colocam da seguinte forma:

- *Consistência* — Repetibilidade do nível de serviço prestado: se forem feitas várias formas de divulgação do serviço, que todas tenham essencialmente o mesmo conteúdo; se o cliente assistir a quatro aulas de amostra, que todas tenham o mesmo nível.
- *Velocidade de atendimento* — Valorização do tempo do cliente; deve-se prestar um atendimento imediato e acreditar que o tempo do cliente tem um valor cada vez mais elevado e deve ser preservado.
- *Atmosfera de atendimento* — Adequação, cortesia, educação e uma avaliação de quão prazerosa a prestação de serviço vai ser/é para o cliente.
- *Acesso* — A facilidade de manter ou buscar contato com a empresa, não apenas em nível presencial: outras formas de contato, como e-mail e telefone, são de grande importância.
- *Custo* — Percepção sobre a relação entre o que está sendo ofertado e o que o cliente se dispõe a pagar. Para esse critério, deve-

mos considerar que existe uma tendência, nem sempre correta, de associar maiores preços a mais altos níveis de qualidade.

- *Tangíveis* — Qualidade e/ou aparência da estrutura física e dos equipamentos utilizados na prestação de serviços: quadros, cadeiras, instalações, apresentação dos funcionários etc.).
- *Credibilidade e Segurança* — O nível de percepção de risco que o cliente sente em relação à empresa.
- *Competência* — Percepção sobre o conhecimento técnico do assunto (em nosso caso, conhecimento pedagógico e específico da matéria).
- *Flexibilidade* — Capacidade de se adequar e propor soluções criativas às necessidades e expectativas do cliente.

Com esses critérios, podemos saber como o cliente monta sua avaliação sobre nossos serviços. Porém, devemos sempre lembrar que o julgamento será sempre feito a partir da comparação entre as expectativas do cliente na compra do serviço (cuja formação já abordamos) e a sua percepção dos serviços efetivamente prestados.

Em 1990, Zeithaml, Parasuraman e Berry propuseram o modelo de *Cinco Gaps* (cinco falhas, ou cinco hiatos), que explica as causas das discrepâncias entre a expectativa dos clientes e sua percepção sobre a qualidade do serviço prestado. Quando aplicamos esse modelo, individualmente, a todos os critérios de avaliação de qualidade de um serviço para cada processo de nossa escola, podemos traçar um diagnóstico da situação atual e planejar medidas para melhorar nosso desempenho, sempre com o objetivo de agregar valor para o cliente e melhorar sua percepção sobre nosso serviço.

As expectativas dos clientes são formadas pelos seguintes fatores:

- Comunicação "boca a boca" das pessoas que já experimentaram o serviço (por exemplo, um aluno que fala bem das nossas aulas para um familiar ou amigo).

• Necessidades ou desejos do indivíduo (como a intenção de aprender um idioma em dois anos ou de saber falar o básico em seis meses).

• Experiências passadas (é o caso de um aluno que se matricula em um curso de idiomas por influência de uma propaganda enganosa, e que, ao perceber-se ludibriado, sai do curso).

• Peças de comunicação externa feitas pela empresa (por exemplo, folhetos anunciando que "o curso é o mais barato do mercado").

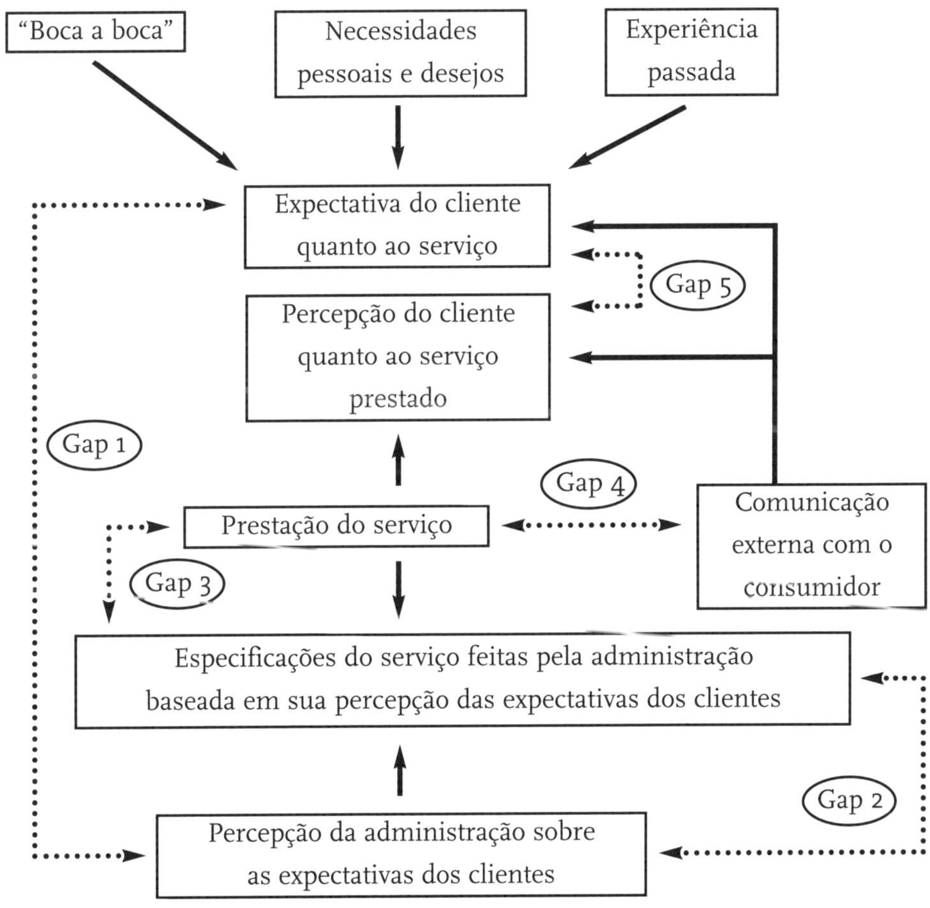

Gaps da prestação de serviços

Como podemos perceber no diagrama anterior, o *Gap 1* é a distância entre as expectativas que foram criadas e a percepção que a administração tem dessas expectativas, ou seja, aquilo que a administração *acha* que é a expectativa do cliente.

A prestação de serviço precisa ser baseada em processos especificados e bem definidos, cujo intuito seja atender às expectativas dos clientes. O *Gap 2* surge quando a administração traduz de forma ineficiente, em procedimentos, a sua percepção sobre as expectativas dos clientes.

O *Gap 3* ocorre quando há divergências entre o que foi definido como processo pela administração e o que efetivamente é feito, ou seja, é o abismo entre o planejado e o realizado.

O *Gap 4* traduz a natureza da propaganda enganosa ou, sendo mais *light*, as divergências entre o que foi prometido através da comunicação ao mercado e o que efetivamente é feito. Um bom exemplo disso ocorre quando uma escola anuncia que seu curso é o mais barato do mercado, mas omite que, além do preço da mensalidade, o cliente tem de pagar as taxas A, B, C... e X.

Por fim, temos o *Gap 5*, que em última análise é uma resultante dos demais Gaps, ou seja, é a divergência entre as expectativas dos clientes e suas percepção sobre o serviço prestado.

Por que ser diferente? Como ser diferente?

Já dissemos que hoje em dia a eficácia do serviço (ou seja, entregar o que foi prometido) é a condição mínima e necessária de existência de uma empresa. Se essa eficácia não está entre seus compromissos, ela está morta antes mesmo de nascer! Se já nasceu, pode ir encomendando o caixão, pois logo estará morta e engrossará as estatísticas brasileiras de empresas que abrem e fecham em um curto espaço de tempo.

Não se aventure em abrir um negócio se sua intenção for ganhar dinheiro fácil ou enganar os outros, pois isso não existe! Ninguém aceita ser enganado e, para o bem da verdade, não existe mentira eterna... Então, esqueça essa estratégia... ninguém mais é inocente ou bobo!

Se uma empresa se propõe a ensinar um idioma e não tem competência para isso, em um curto espaço de tempo o mercado ficará sabendo da farsa e se encarregará de eliminá-la. As pessoas divulgam sem nenhuma piedade que o ensino ou o serviço é ruim; a concorrência, ao saber disso e como não é boba, trata de espalhar também. Em conseqüência, os alunos atuais acabam saindo e a captação fica mais cara, inviabilizando o negócio. Além disso, o próprio código de defesa do consumidor ajuda a resolver esse pequeno problema: os alunos que se considerarem lesados passam a denunciar a empresa, e complicações judiciais surgem a todo momento.

Quando uma pessoa procura uma instituição de ensino de idiomas, sua expectativa mínima é a de que o necessário (aprender a se comunicar ou compreender o idioma) seja atendido por todos os fornecedores disponíveis no mercado, dentro dos parâmetros a que se propõem. Não serve mais como diferencial aquela velha idéia de que "o meu serviço é melhor do que o do concorrente". Lembre-se de que o concorrente fala exatamente a mesma coisa; ou seja, esse discurso vazio não serve para absolutamente nada!

Todos os métodos sérios e consistentes de ensino funcionam dentro do que se propõem. Porém, é óbvio que operam e apresentam resultados de formas distintas e com velocidades diferentes, dando margens a comparações e desenvolvimento de estratégias de combate em relação à concorrência, destacando vantagens aqui e desvantagens acolá. Entretanto, se a empresa é séria e os profissionais envolvidos no processo de ensino são competentes e bem treinados na metodologia, certamente vão atingir, em algum momento, o objetivo de ensinar o aluno. Você pode até não gostar, ter suas ressalvas em relação a um método ou outro, mas o fato é que a maioria deles funciona, e é natural que uns prefiram um método em detrimento de outro.

Partindo-se do princípio de que a maioria dos serviços prestados tem de atender às necessidades e expectativas básicas do cliente (aprender a se comunicar ou compreender um idioma), a diferenciação entre eles, em uma análise inicial muito grosseira, passaria a ser apenas o preço, que serviria de base para comparação e decisão do cliente.

Seguindo esse raciocínio simplório e tosco, todos começariam a baixar os preços de forma desenfreada para captar novos clientes ou manter os atuais, gerando um leilão muito perigoso. Como conseqüência extrema desse processo, em determinado momento seus preços não cobririam os custos e sua empresa quebraria. Isso poderia ainda levar à adoção de maneiras não muito saudáveis de operação para redução de custos, como colocar profissionais ainda em formação e sem qualquer orientação para dar aula, trabalhar com material fotocopiado, fazer propostas mentirosas e outras artimanhas que, infelizmente, são uma constante no mercado.

Por isso, tome muito cuidado com a política de criação de preços para os serviços prestados. A cobrança de preços altos sugere qualidade superior de estrutura e serviços, gerando expectativas mais elevadas. Por outro lado, a cobrança de preços mais baixos que os dos concorrentes gera a sensação de que a qualidade é menor, com menos benefícios ao cliente, ou seja, menos valor.

A saída mais inteligente para se criar um diferencial, algo que gere valor *para o cliente* e tire a empresa do "lugar-comum" em que a maioria se encontra, são a forma de prestar o serviço e a metodologia que utilizamos para estimular o cliente a perceber a qualidade do serviço. Essa estratégia deve estar sempre baseada na relação entre o cliente e a empresa, através de seus funcionários, do uso de técnicas e de tecnologias para otimizar ou mesmo facilitar os contatos entre um e outro, gerando sentimentos positivos para ambos.

Não podemos vender e fornecer apenas um curso tecnicamente bem estruturado, com uma metodologia de ensino sedimentada e comprovada. Isso a maioria dos concorrentes também oferece! Temos que vender empatia, um sorriso sincero, interesse pela pessoa que está à nossa frente, um atendimento técnico de primeira qualidade, o respeito ao ser humano dentro de sua individualidade, um ambiente agradável e propício ao surgimento de amizades e à troca de experiências... Em outras palavras: precisamos vender momentos surpreendentemente agradáveis. Para que isso aconteça, devemos entender, tanto quanto possível, a realidade dos indivíduos com os quais lidamos e sermos flexíveis a isso (sem perder de vista as metas e os objetivos traçados, é claro).

Dc qualquer modo, não adianta nada você ter um diferencial se o cliente não o percebe ou não o considera como tal! O diferencial deve ser a conseqüência de todo um conjunto de movimentos, ações e esforços criativos que nos auxiliem a estabelecer uma relação de proximidade com o cliente, de modo que ele crie um vínculo com a empresa.

Vínculo... mas o que é esse vínculo de que tanto falamos? Por que precisamos dele, afinal?

Como a própria palavra sugere, trata-se de uma ligação, um laço moral entre a empresa e o cliente. O vínculo agrega valor à relação e é criado pelo aumento gradativo de confiança que se estabelece entre as partes. Ele é reforçado todas as vezes que conseguimos surpreender positivamente o cliente. Por outro lado, não é fácil estabelecê-lo e, até que se torne sólido, ele pode ser destruído por qualquer tipo de falha, por menor que seja.

Para a empresa, uma das maiores vantagens de estabelecer um vínculo consistente e forte com o cliente é criar nele a seguinte reflexão: "Eles me surpreendem sempre... Por que vou traí-los com a concorrência?". Além disso, clientes fidelizados tornam-se mais tolerante a erros (obviamente, tais erros devem ser percebidos como erros, e não como frutos do descaso; e essa regra só vale para os erros toleráveis, jamais para aquelas falhas absurdas que jamais podem ser perdoadas!). O vínculo ajuda também a instituir uma espécie de "barreira informal de saída"; ou seja, aumenta a percepção da possibilidade de perda (percepção de risco) do cliente caso ele cogite trocar nossa empresa pela concorrente. Passa pela cabeça desse cliente o seguinte pensamento: "Aqui eu conheço todos, temos uma relação ótima, eles se esforçam para me agradar... será que a outra empresa vai me tratar da mesma forma?". Finalmente, com o tempo, tais vínculos se reforçam a ponto de transformar o cliente em um divulgador e defensor de nosso trabalho em todo o seu círculo de relacionamento.

Mas cuidado! Conforme já dissemos, o limite entre surpreender e decepcionar, entre encantar e desencantar é muito tênue, e sustentar essa estratégia de alto nível de prestação de serviços exige muito trabalho e dedicação. É uma roda viva, pois você precisa se reinventar constantemente! Toda ação que gera uma surpresa é seguida de um aumento no nível de expectativa do cliente, exigindo outra ação mais audaciosa para que ele seja novamente surpreendido.

Nos dias atuais, além de toda a estrutura tradicional existente para se relacionar e conquistar o cliente, criando os tão desejados vínculos, contamos com a ajuda das chamadas novas tecnologias de informação. Tanto os sistemas manuais, que se aplicam a pequenos negócios, como os informatizados, são bastante úteis. As ferramentas digitais, no entanto, permitem o armazenamento e a manipulação de dados, e o cruzamento de informações de uma grande quantidade de pessoas. Com isso, é possível, por exemplo, fazer o levantamento de grupos de clientes com perfis similares, com a tendência a determinados comportamentos de consumo, possibilitando a criação de uma nova oferta. Tais ferramentas permitem também disponibilizar, para toda a empresa, a fotografia do cliente, seus dados, características e preferências, tornando os contatos mais personalizados e prazerosos para ambos os lados.

Com os dados disponíveis para todos, mesmo um funcionário novo poderá saber a data de nascimento do cliente, se ele é casado ou não, se gosta de gramática, quais são seus hobbies, quando e com quem ocorreu o último contato dele com a empresa, quais são as promessas que ainda estão em aberto... e tantas outras informações que o ajudarão a estabelecer um contato mais amigável. Sem dúvida, nada substitui o ser humano, que recebe, sente, analisa, trabalha e faz essas informações gerarem negócios para a empresa. Por outro lado, é bom lembrar que a tecnologia ajuda muito!

É necessário destacar que toda a estrutura para gerar os vínculos e estabelecer um relacionamento deve ser *da empresa com o cliente*, através dos colaboradores, e não um relacionamento de um colaborador específico com o cliente. Todos na empresa precisam ter informações sobre o cliente e relacionar-se de uma forma satisfatória e individualizada com ele, procurando uma certa padronização, quer seja, a repetibilidade do nível de qualidade do serviço.

Cabe também à empresa entender os "momentos da verdade", cuidar de todo o relacionamento com o cliente e definir corretamente como irá surpreendê-lo em cada ponto do processo. Nada deve acontecer ao acaso — muito pelo contrário, deve ser fruto de um planejamento e da aplicação de técnicas bem estruturadas.

Conforme já dissemos, conhecer o perfil dos clientes permite definir as metodologias de relacionamento que utilizaremos para despertar a sua simpatia: desde o envio de um simples cartão de aniversário, utilizando a maneira como ele gosta de ser chamado, até o cruzamento de informações que permita a criação de uma proposta oportuna, significativa e relevante, que possa gerar uma nova venda ou um aumento de lucratividade com esse cliente ou com um grupo de clientes.

Vamos citar um exemplo bem simples de como agregar valor e oferecer um serviço complementar que seja relevante, no momento certo e com a abordagem correta. Suponhamos que você faça a análise de um banco de dados e que identifique um grupo de 70 clientes jovens (faixa de 13 a 17 anos) que gostam de jogar RPG, dos quais 90% estudam pela manhã. Será que analisando esses dados você não poderia criar uma oficina abordando os termos relacionados aos contos de fadas e guerreiros medievais, e convidar os integrantes desse grupo para uma aula demonstrativa através de um e-mail com figuras sobre o tema? Você pode ainda programar uma aula jogando RPG (Role Playing Game) em inglês para atrair o interesse dos alunos... é só aliar a tecnologia à criatividade e muito esforço para descobrir boas oportunidades, melhorar o relacionamento com o cliente e dinamizar o negócio.

Em geral, os adolescentes têm um grupo grande de amigos com a mesma faixa etária e com os mesmos gostos. Será que uma prática como a que descrevemos acima, aliada ao oferecimento de brindes para os alunos que levarem seus amigos, não pode servir como boa fonte de captação de novos clientes? Não sabemos ao certo a eficácia dessa estratégia, mas ela é uma das muitas idéias que podem ser estudadas, desenvolvidas e implantadas quando se tem um bom sistema de organização de dados que reúna informações sobre os clientes potenciais (*prospects*), os clientes e os ex-clientes. Se reconhecermos de uma vez por todas a importância de estabelecer contato com o cliente e de utilizar forma criativa os recursos tecnológicos existentes, conseguiremos criar situações favoráveis à prestação de serviço, nas quais a pessoa se sinta especial, diferente das demais.

E não basta apenas estabelecer vínculo com as crianças e os adolescentes: o contato com os pais, gerando relacionamento, é de grande importância, pois transmite consideração e interesse para com os filhos. O ideal é que tenhamos diversas formas de contato com os alunos e pais ao longo do ano (*newsletters*, informativos, e-mails, agenda, circulares, questionários de avaliação, formulários de sugestões) e que um contato para reafirmar o compromisso escola-aluno preceda o período de matrículas. Trazer os pais para o ambiente escolar, fazendo com que conheçam melhor os serviços oferecidos, também é muito importante; isso pode ser feito por meio de festas, exposições ou encontros de pais.

Você já percebeu que reuniões formais de pais e professores transmitem, para alguns, a sensação de que problemas podem estar ocorrendo com o aluno? Por que não elaborar então "Encontros de pais", nos quais os temas educacionais pertinentes sejam abordados de forma descontraída, os pais possam obter informações sobre os filhos e socializar com os demais num lanche ao final? Esses pais felizes podem formar, junto com seus filhos, uma verdadeira tropa de defensores da sua marca dentro da sociedade!

A propaganda "boca a boca" realizada pelos clientes felizes, entusiasmados e desejosos em dividir com seus amigos o prazer de estudar em sua instituição, é a mais eficiente que existe! Além de nos ajudar a transformar clientes potenciais em clientes reais, esses defensores podem contribuir com sugestões e a avaliação do serviço prestado.

Mais alguns exemplos:

- Um dono de pizzaria possui um banco de dados dos compradores, onde são registradas suas preferências e a assiduidade de compras. Periodicamente ele liga para os clientes ausentes, demonstrando-se preocupado com os motivos do afastamento. Ele pode não vender naquele momento, mas a mensagem de preocupação fica marcada.
- Um curso de idiomas, ao receber uma ligação, aciona o banco de dados e tem todas as informações pessoais do aluno disponíveis, podendo chamar os pais pelo nome e saber de detalhes sobre a participação e o desempenho do aluno em sala de aula. Será que a pessoa atendida não se considerará especial?

O uso de bancos de dados para coletar e gerenciar informações sobre os clientes é ricamente explicado em livros e cursos de DBM (Database Marketing) e cabe aos especialistas em CRM (Customer Relationship Management) estudar o marketing de relacionamento nos diversos momentos de contato com o cliente e encontrar soluções para alavancar os negócios com esse relacionamento.

A empresa que se prepara para ouvir e transformar em informação as palavras do cliente tem maiores chances de entender suas expectativas, necessidades e, por conseguinte, de prestar um serviço que tenha maior importância para ele ou ofertar um novo serviço, aumentando a sua rentabilidade para a empresa. Reconheça, então, que todo contato com o cliente é importante, mesmo que seja para ouvir uma reclamação; podemos e devemos agradecer muito aos clientes quando ligam para reclamar, pois na realidade eles estão prestando para nós uma consultoria gratuita e nos dando a oportunidade de melhorar nosso negócio. É obvio que algumas vezes o cliente pode não ter razão; porém, mesmo nesse momento, ele nos dá a oportunidade de conhecê-lo um pouco melhor e de tentarmos mudar um pouco a imagem negativa que ficou registrada.

David Cohen, citando uma pesquisa do Instituto Tarp, cujos dados ainda se mostram válidos (Revista *Você S.A.*, edição 3, 1998), afirma que 37% dos consumidores que não reclamam se dispõem a voltar à loja. A taxa sobe para 70% quando há uma reclamação resolvida, e para 95% quando a reclamação é resolvida rapidamente. O mesmo instituto afirma que o serviço que você presta será recomendado para outras pessoas por 50% dos consumidores se o problema que tiverem for resolvido no primeiro contato com você. Se houver dois contatos, o índice de recomendação cai para 30%. Com três contatos para resolver um problema, o índice cai para metade disso. Outra pesquisa americana, da consultoria Quest Quality, estima que apenas um em cada dez clientes que tiveram problemas permanece fiel à marca. Pior: cada cliente insatisfeito conta o caso a cerca de dez amigos. Para completar, uma guerra de camuflagens: só quatro de cada cem clientes insatisfeitos dirão ao fornecedor que têm problemas. Os outros param de comprar, falam mal aos amigos, incrementam a sua má reputação, sem que você tenha a menor idéia do que está acontecendo.

Crie condições para que a sua linha de frente operacional tenha atitude proativa, se interesse de forma sincera pelos problemas do cliente e tenha autonomia, autoridade e conhecimento para uma resolução rápida e efetiva dos problemas apresentados. A parábola exemplifica essa questão:

Certa vez, um monge disse a Buda que ele dava respostas pouco claras para questões importantes, tais como o que é o mundo ou o ser humano. Buda respondeu com o exemplo de uma pessoa que é ferida por uma seta envenenada. O ferido não tem o menor interesse em saber de que material a seta é feita, em que tipo de veneno ela foi embebida ou de que ângulo ela partiu. Provavelmente ele quer que alguém lhe extraia a seta envenenada e cuide do ferimento.

Devemos ter consciência de que o cliente não está muito preocupado em saber a rotina administrativa da empresa, não interessa para ele receber uma resposta muito detalhada e demorada. O "pessoal de frente" deve, então, ser capaz de dar respostas precisas e rápidas, e de resolver o problema!

Você já deve ter notado como as pessoas têm aversão a tomar decisões! Têm medo de errar e de ter responsabilidades. Dê tranqüilidade e apoio para que os funcionários tomem decisões. No caso de erros, ensine, mas tenha cuidado com as repreensões, que podem gerar resultados ainda mais negativos. Cultive o *funcionário-dono,* aquele que sabe que é "um pouco dono" e briga pela empresa, pois ele sabe que ganha quando a empresa ganha e que, quando ela perde, ele também perde. Esse funcionário tem consciência de que existem regras que devem ser cumpridas e tem internalizado os valores da empresa, na realidade são muito próximo dos seus próprios valores pessoais.

Os seus colaboradores não podem "empurrar com a barriga". Eles devem resolver os problemas que surgirem e se comprometer com os resultados. Precisam, enfim, conscientizar-se de que os problemas não são exclusivamente da empresa, do dono ou do cliente: os problemas também são deles, pois se os clientes se afastarem e a empresa não for lucrativa, ela irá fechar e os empregos deles também estarão comprometidos. O colaborador deve ficar irritado se a empresa dele for atacada, preocupado quando se perde um cliente, feliz quando fecha um negócio. Precisa *se sentir como* dono da empresa!

Eis abaixo uma estorinha que, embora não tenha relação direta com o âmbito educacional, ajuda a ilustrar as vantagens de se prestar um serviço diferente e o fato de que não são necessários investimentos monstruosos para se diferenciar dos concorrentes:

Íamos tirar nossas tão sonhadas férias e resolvemos conhecer uma região no interior da Bahia. Gosto de caminhar e ter contato com a natureza, mas estou um pouco longe de ser o famoso bicho-grilo, pois gosto de algum conforto. Planejamos tudinho, com o auxílio da titia internet, e fomos viajar!

Pegamos um avião e fomos para Salvador. Ficamos hospedados em um hotel cujas instalações eram péssimas, e o serviço era pior ainda. Antes de perguntar o meu nome, pediram que eu pagasse a diária (devo ter cara de caloteiro!), se recusaram a aceitar um cheque e ainda ficamos quase dez minutos esperando que o mensageiro viesse nos conduzir ao quarto (é óbvio que a bagagem fui eu que carreguei!). Mas tudo bem... curtimos uma noite no Pelourinho (uma experiência única para quem gosta de agito e que só existe no "planeta Salvador").

No dia seguinte, tínhamos que acordar muito cedo para pegar um ônibus na rodoviária. Avisei ao recepcionista sobre o horário em que teríamos de partir e pedi que antecipasse o café-da-manhã. A resposta que recebi foi bem direta: isso não seria possível e, se déssemos sorte, conseguiríamos tomar um "cafezinho". Tudo bem, demos sorte e conseguimos tomar uma xícara de café. Vocês devem estar pensando: "que cara abusado!". Porém, na página do hotel na internet, havia a informação (confirmada por telefone) de que teríamos a opção do "café madrugador"... um diferencial do hotel!

Já fiquei imaginando o que viria pela frente... Durante nossas seis horas de viagem, num ônibus em que 90% dos passageiros eram estrangeiros (interessante como muitos brasileiros não conhecem e nem valorizam as belezas de seu próprio país!), comemos muita poeira, encaramos bem as paradas e ainda tivemos o ônibus revistado pela polícia... Vocês já podem imaginar a imagem que estava sendo formada na minha cabeça: seis horas de viagem de ônibus + problemas com a polícia + cidade do interior = hospedagem ruim e aborrecimento na certa!

Durante a viagem, conhecemos uma moça inglesa que veio para o Brasil a passeio com o namorado. Ambos estudavam em Cambridge. Estavam se hospedando em albergues, compraram um guia de viagens e quando tinham informações de algum lugar interessante, seguiam para lá, totalmente sem programação... Já tinham conhecido lugares que muitos brasileiros nem sabem que existem. O mais curioso é que os dois começaram sozinhos essa epopéia e, aos poucos, estavam montando um verdadeiro Exército de Brancaleone:* em cada lugar por que passavam, conheciam alguém que se juntava ao grupo e passava a viajar junto. Se continuassem naquele ritmo, até o fim das férias teriam juntado umas 300 pessoas! A conversa com eles foi muito agradável, o que ajudou a passar o tempo na estrada.

* A analogia é feita em relação ao filme *O incrível exército de Brancaleone* (1965), no qual um cavaleiro atrapalhado perambula pela Europa medieval em busca de um feudo, liderando um exército de esfarrapados.

Ao chegar, fomos recepcionados pela empresa contratada para os passeios guiados. Quando chegamos ao local onde ficaríamos hospedados, começaram as boas surpresas.

A estalagem funcionava em um casarão construído em estilo antigo, cheio de obras de arte, decorado com extremo bom gosto. Fomos levados ao quarto, que ficava no sótão e era um primor, em todos os detalhes. Tínhamos a nítida sensação de que tudo havia sido preparado com um sentimento de carinho, e notava-se que se esforçavam muito para manter tudo impecável.

As maçanetas eram iguais às da minha casa, mas eu nem tinha noção de como podiam brilhar tanto. O material de higiene era da melhor qualidade: a água do vaso sanitário, além de limpa com um desinfetante de coloração azul celeste, tinha flores boiando, o que dava um charme todo especial... Até o vaso sanitário estava dentro do contexto!

As pessoas nos atenderam de forma extremamente solícita, educada e agradável, porém sem forçar nada. Eram realmente daquele jeito e estavam *muito* bem treinadas Nos ajudaram no que era necessário, mesmo em assuntos não diretamente relacionados à hospedagem. Tiveram a preocupação de nos orientar quanto os cuidados durante os passeios, fizeram para nós reservas em restaurantes, além de nos tratar pelos nossos nomes. O dono do local, pessoa extremamente agradável, conversava conosco e acompanhava os serviços, dando orientações. Mesmo nos momentos em que estava ausente, o nível de atendimento era o mesmo.

O café-da-manhã era algo de outro mundo! Extremamente farto, com tudo fresquinho e servido sob a forma de um agradável ritual: uma seqüência de pratos (frutas, doces e salgados), colocados na mesa sempre acompanhados de uma explicação do que eram. Nos três dias em que estivemos hospedados ali, a variação nos alimentos foi total.

Absolutamente *tudo* foi impecável! Não havia luxo exagerado, nada que não pudéssemos ter em outro local, mas todos os detalhes foram minuciosamente planejados e as pessoas estavam envolvidas no objetivo de proporcionar uma excelente experiência durante nossa estada. Muito trabalho deve ter sido necessário para manter o ambiente maravilhoso que encontramos. Nada é perfeito, mas estávamos tão encantados com o serviço fornecido que os erros, mínimos, foram simplesmente desconsiderados e esquecidos!

Essa estalagem é recomendada por todos que lá se hospedam. O preço que cobram é bem maior que a média dos outros hotéis da cidade, mas os hóspedes aceitam pagar esse valor para ter aquela experiência diferenciada.

Saímos do local e fomos para outra cidade. Chegamos à pousada: era imensa, com piscina e instalações bem superiores às do local anterior. Os espaços físicos eram muito bem cuidados e de muito bom gosto, mas o serviço... Erraram em tudo! Pedimos para ser acordados às sete, nos chamaram às sete e meia e, para não admitir o erro, nos acordaram com a seguinte frase: "Bom dia, são sete horas!".

O café-da-manhã era variado, mas notava-se que os funcionários não tinham a menor preocupação em nos agradar. Apenas disponibilizavam alguma comida, pois fazia parte da diária paga. O pessoal da recepção era outro problema: dificilmente nossas dúvidas eram solucionadas. Ajuda? Nem pensar...

Vimos que o telefone estava fora do gancho e, inocentemente, avisamos o funcionário. A resposta que obtivemos foi a de que um chato estava ligando toda hora, e que o recepcionista havia tirado o telefone do gancho de propósito (detalhe: a única maneira de se fazer uma reserva era por telefone!).

No último dia, descobri que uma pessoa totalmente calada,

que eventualmente passava pelos corredores como uma alma penada, era a dona do hotel. Quando surgiu um problema e o funcionário foi falar com ela, voltou sem resposta e com ainda mais dúvidas!

Será que alguém faz propaganda "boca a boca" desse estabelecimento? Perceba que as instalações maiores, com mais recursos, ficaram totalmente ofuscadas em função do péssimo serviço prestado. Será que não temos exemplos assim no ramo de ensino de idiomas? Instituições bem localizadas, mas com equipes desmotivadas e sem capacitação; empresas com instalações ótimas e serviços horríveis; outras, no entanto, com instalações simples, mas muito bem cuidadas, com bom gosto, e um serviço tão bom que sentimos prazer em recomendar a instituição... e um atendimento tão agradável que nos faz até mesmo esquecer os pequenos deslizes!

Clientes?! Mas eu tenho alunos!

Já citamos várias vezes o termo "cliente", e aí você me diz: "Mas eu tenho alunos!". Errado! Você tem clientes. E muitos mais do que aqueles que estão estudando em sua empresa!

Embora as origens das regras de mercado de serviços não estejam diretamente relacionadas ao ensino, esse mercado (que é rodeado de fantasias e conceitos profundos, cheio de filosofias e bandeiras) é conceitualmente uma prestação de serviços normal, com suas particularidades e nuances, exatamente como qualquer outro nicho. Além disso, é um mercado competitivo, no qual indivíduos e empresas precisam lutar pela sobrevivência, da mesma forma que em outros negócios.

Dos diversos trabalhos de estudiosos que se dedicaram à prestação de serviços e à qualidade na área do ensino, encontramos definições como:

- "Qualidade é a busca de excelência em todo o processo de educar e ensinar." (Lombardi, 2001)
- "Qualidade é a busca de satisfação e comprometimento de todos os envolvidos no processo de ensino." (Gottlieb, 1993)

Mais do que isso, no entanto, a prestação de serviços voltada ao ensino tem dois focos que são igualmente importantes, pois não vivem separadamente. O primeiro está relacionado à *parte pedagógica*, que compreende a metodologia de ensino, a qualificação dos professores, o material didático escolhido, as instalações e as atividades pedagógicas extraclasse, que já classificamos como pontos básicos para a sobrevivência da instituição. O segundo ponto refere-se aos "serviços complementares", que gerenciam o relacionamento do cliente com a empresa e que estão ligados ao âmbito do *negócio em si*, do lucro.

Atualmente, muitas instituições de ensino estão começando a perceber que uma das mais eficientes e mais baratas estratégias de marketing é investir na qualidade do relacionamento com seus clientes. Estão se conscientizando de que necessitam se profissionalizar nesse campo, ou em algum momento fecharão as portas.

Sustentação do negócio

Nesse tipo de negócio, os clientes se apresentam de duas formas:

- *Clientes externos* — Grupo em que estão inclusos alunos, pais ou responsáveis, vizinhança, colégios em que os alunos estudam, empresas onde trabalham, o pessoal do prédio onde moram etc.
- *Clientes internos* — Esse grupo é formado por toda a comunidade interna da empresa, que se alterna como cliente e fornecedor: uma coordenadora pedagógica é cliente do dono da escola quando precisa de uma informação ou material, e é fornecedora do dono quando lhe é requisitado um relatório.

Você já parou para pensar que se um funcionário tiver um filho estudando na sua escola e ele gostar dos serviços, aliado ao fato de sua mãe estar feliz no trabalho, sentindo-se parte do ambiente, o garoto será um divulgador incansável dos seus serviços, capaz até mesmo de brigar com seus amiguinhos caso falem mal de sua empresa? Além disso, irá convidá-los a fazer parte do grupo! Por outro lado, se a mãe dessa mesma "fofura" chegar todo dia em casa reclamando, andar cabisbaixa e triste com o emprego, ele poderá se transformar em um sabotador, que vai sentir prazer em matar sua empresa com requintes de crueldade... Pense nisso!

Temos de saber também que existe uma rede interna de prestação de serviços. Dentro de uma organização, seção, departamento ou mesmo entre pessoas, sempre estará ocorrendo um fornecimento de serviço: quando você passa uma informação pedida por um colega, está prestando um serviço a ele. Nesse momento ele é seu cliente, e deve ser tratado como tal! Em seu dia-a-dia dentro da empresa, você ora é prestador de serviço, ora cliente. Seus colegas de trabalho não são os inimigos, os chatos, os exploradores, os amigos, os "caras" do outro time, de outra banda, nada disso! São clientes e prestadores de serviços, que devem ora saber fornecer o serviço, ora saber pedir e cobrar, como um cliente deve saber fazer.

Reflita um pouquinho: como você gosta de ser tratado quando compra uma televisão ou um carro?

- Você aceita que o produto seja entregue com atraso?
- Você aceita que o produto seja pago à vista e entregue dez meses depois?
- Você aceita que o vendedor o trate com descaso ou descortesia?
- Você gosta de ficar esperando enquanto o vendedor atende ao telefone e fica namorando ou enquanto ele solta gracejos com a menina do caixa, enquanto você fica em pé, vendo o tempo passar?
- Você foi a uma escola, se deslocou, perdeu seu tempo... será que acha interessante ficar parado olhando para a cara de um cidadão enquanto ele faz divulgação por telefone?
- Você aceita ser enganado ou ser tratado como um imbecil?
- Você aceita pagar preços abusivos sem ter nada em troca?

Pois é... Nem o seu cliente! Sinto lhe informar, mas ele é igualzinho a você, seja ele um cliente interno ou externo. Não admitimos que nos tratem de forma displicente, porém muitas vezes tratamos nossos clientes assim ou, pior ainda, esquecemos que dentro da empresa existem pessoas que "compram" nossos serviços!

O que é o cliente? No primeiro momento ele é um desconhecido, mas sabemos que seu comportamento é influenciado pelos seguintes fatores:

- Culturais (valores).
- Sociais (grupos de referência).
- Demográficos (renda, local de residência etc.).
- Comportamentais (modo de agir, sentir e pensar).
- Psicológicos (motivação, percepção, aprendizado, convicção e atitudes).

As expectativas do cliente são formadas a partir de necessidades pessoais, desejos, experiências anteriores e informações transmitidas por outros clientes ou mesmo por seus concorrentes, gerando idéias preconcebidas que dificilmente serão modificadas.

Quanto às informações passadas pelos concorrentes, deve-se ressaltar que em alguns mercados e lugares, infelizmente, existem concorrentes desleais e sem ética que criam dados fantasiosos sobre preços e sobre a evolução do aprendizado. Eles contaminam as expectativas dos clientes, principalmente dos mais inocentes, gerando a necessidade de um trabalho de explicação técnica detalhada e convencimento para que suas expectativas sejam niveladas dentro do que é possível ser feito.

O que devemos buscar, em nossa relação com o cliente, é transformá-lo em defensor da empresa e divulgador de nosso trabalho. A conquista e a fidelização começam pela sua satisfação, ou seja, o momento em que ele percebe que as suas expectativas foram atendidas plenamente. O seu encantamento (que é necessário para se obter a fidelização, à qual podemos chamar também de vínculo ou preferência) se dá quando as expectativas são superadas de forma inesperada, súbita, surpreendente e de forma constante, não pontual.

Em prestação de serviços, pelo menos nos primeiros momentos, devemos procurar entender e atender às expectativas dos clientes, e não suas necessidades. Pode até parecer que isso não é muito certo, mas o fato é que as expectativas estão mais evidentes, podem ser questionadas e avaliadas de forma direta e objetiva, enquanto as necessidades muitas vezes não são conhecidas sequer pelo próprio cliente, exigindo inferências de nossa parte, o que muitas vezes pode nos levar ao erro. Para que possamos reduzir a chance de equívocos, deve haver um conhecimento mais denso sobre a pessoa, suas características e particularidades... e isso exige tempo! Não estamos falando de fazer um trabalho vazio, mas de começar pela compreensão da expectativa para agregar valor, motivar o cliente, entender suas necessidades e aí sim atendê-las.

O processo de encantar o cliente (criar vínculos sólidos) é bastante complexo. Em um primeiro momento, nós não o conhecemos e tentamos perceber qual é a sua necessidade. Muitas vezes o cliente não saberá o que responder às nossas perguntas, e provavelmente expressará suas expectativas.

Influenciado por idéias incorretas sobre o mercado e por alguns concorrentes, ele poderá nos dizer:

> "Quero o melhor serviço pelo menor preço, e para ontem!"

Por trás dessa frase, temos escondidos uma expectativa e um desejo que, infelizmente, precisam ser modificados, pois não correspondem ao real e exeqüível. Cada cliente possui, internalizada, uma concepção sobre a relação entre qualidade, preço e prazo. O que precisamos é mostrar a ele o diferencial de serviço que ofertamos e que isso tem um custo — obviamente, não podemos, nesse momento, destacar como diferenciais o fato de que enviamos cartõezinhos de feliz aniversário, ou que nosso cafezinho é o melhor da região! A partir do momento em que ele passa a entender o valor agregado ao serviço e nosso diferencial em comparação com o que é oferecido pelo mercado, ele flexibilizará o preço que aceita pagar, dentro do prazo que ele tem para aprender o idioma.

Não obstante a tarefa seja árdua, a recompensa existe. Sempre que conseguimos compreender o cliente e superar suas expectativas, por meio de detalhes e situações positivas, não esperadas, geramos um vínculo de confiança que nos possibilitará, em muitas situações, ter um divulgador com grande potencial de influência, atuando de forma espontânea e sem receber salário. Dependendo da sua eficácia no trabalho de construir vínculos com seus clientes, você poderá ter uma equipe de 500 ou mais "vendedores", que provavelmente terão um poder de convencimento muito maior do que os seus funcionários oficiais.

Para poder trabalhar dessa forma, tentando converter os clientes em defensores da empresa, é necessário que todas as pessoas que lidam com o cliente aprendam a tornar esse contato prazeroso, não somente para o cliente como também para si próprio: somente se estiver verdadeiramente envolvido, o funcionário conseguirá estabelecer e manter esse relacionamento da forma desejada. Caso contrário, como diria um amigo, "não rola...".

Ele tem que gostar de gente e gostar de servir gente! Tem que conhecer pessoas, sua linguagem corporal, suas atitudes; deve ter habilidade para extrair as informações necessárias através dos sinais emitidos e usar esse conhecimento adquirido para a geração do momento mágico.

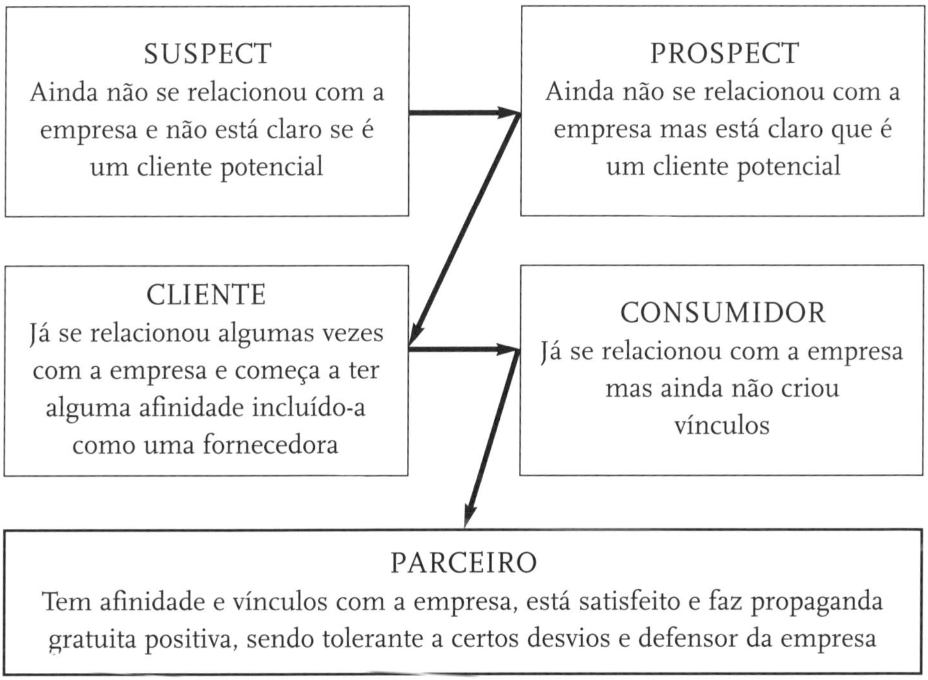

Evolução de um cliente

Use e abuse da sua percepção e da sua capacidade de persuasão, mas sem ser chato, inconveniente ou falso. Basta gostar do que faz e empenhar-se para fazer bem feito!

Quando entendemos que a percepção (abordaremos melhor esse tema mais à frente) é a interpretação de sensações e informações, devemos guiar nosso processo de persuasão ou encantamento na direção indicada pelos sinais que chegam a nós, mudando os planos e ações de acordo com o que é percebido. Por outro lado, precisamos estar cientes de que a percepção pode ser distorcida por alguns fatores:

- Conceitos preestabelecidos.
- Crenças e valores.
- Medos, traumas e fobias.
- Problemas físicos e psicológicos.
- Influências externas (ambientais e pessoais).

Esses fatores podem levar o cliente — ou nós mesmos — a uma análise errada do outro. Cada indivíduo vê as situações e as pessoas de uma forma diferente, pois atribui uma carga valorativa a cada situação de acordo com seu próprio histórico. Desse modo, as pessoas tendem a interpretar dados e fatos da maneira que mais lhes interessa, ou que lhes dá mais segurança ou conforto. A tendência, assim, é a de sempre procurar algo que confirme uma idéia preconcebida, que nem sempre corresponde à realidade. Além disso, nossa percepção é muito importante porque dita nosso comportamento. Por isso, devemos estar bastante atentos, uma vez que nossos valores e "pré-conceitos" podem distorcê-la a ponto de prejudicar nossos julgamentos e atitudes.

Lembre-se:

- Nunca se deixe influenciar negativamente se o cliente for feio, velho ou gordo, se é malvestido ou se ocupa um cargo de pouco prestígio social.
- Seja acolhedor em qualquer situação e com qualquer tipo de pessoa.
- Seja tranqüilo e objetivo. Atente para as prioridades em questão e para os problemas a serem solucionados.
- Não perca o seu controle emocional. Coloque-se no lugar do seu interlocutor, procure sentir suas dúvidas e necessidades.

- Atenda com simpatia: isso certamente gerará uma receptividade semelhante. Comportamento gera comportamento!

Por que tanto cuidado?

- Porque o que é facilmente entendido por uns não é tão facilmente entendido por outros.
- Porque algumas pessoas precisam de explicações mais detalhadas que outras.
- Porque uns precisam de mais tempo para compreender o que se fala em relação a outros.
- Porque alguns clientes exigem atenção especial e mais afetividade, enquanto outros se contentam com um tratamento mais impessoal.

É preciso entender que as pessoas simplesmente são diferentes, e que as diferenças não podem servir de justificativa para não darmos um excelente atendimento e não tentarmos criar os tão desejados vínculos.

Infelizmente não possuímos uma "bola de cristal" para adivinhar se uma pessoa poderá alavancar bons negócios ou não. Por isso, tome muito cuidado: nosso tempo e nossos recursos são limitados, e muitas vezes você será obrigado a escolher entre atender uma pessoa ou outra. Temos que saber que todos os clientes são extremamente importantes, mas alguns são mais importantes que outros. Vale destacar que o motivo do estabelecimento de prioridades não pode, em hipótese alguma, ser pessoal: ele deve ser a rentabilidade/potencialidade do cliente.

É evidente que temos de tratar todos muito bem. Porém, precisamos priorizar alguns por limitações de recursos. Se o senhor Fulaninho A é seu amigo pessoal e tem 50% de desconto e o senhor Fulaninho B tem aula particular e ainda uma empresa com 300 funcionários, que podem muito bem estudar com você, a prioridade tem de ser para o senhor Fulaninho B. Ele tem de ser considerado VIP, pois gera para você uma grande rentabilidade atual e ainda tem um imenso potencial de crescimento!

É saudável e produtivo criar uma classificação de alunos quanto à prioridade. Porém, caso faça a opção de informar aos clientes que são VIPs, passe a tratá-los como tal. Não dê apenas o título, nem dê o "crachá de VIP" para todos!

É bom ressaltar que todas as regras de tratamento mencionadas valem tanto para os clientes já consolidados quanto para os clientes em potencial. O interessante é que mesmo em contatos muito curtos, sem fechamento de matrícula, se a divulgação é bem feita e conseguimos criar empatia e confiança, o trabalho terá valido a pena. Afinal, mesmo que a pessoa não possa comprar o serviço oferecido, ela passará essa boa impressão para seu círculo de amizades e relacionamentos, fazendo propaganda de sua empresa quase sem querer.

Certo dia um senhor, vestindo calça jeans e calçando um par de botas sujas de barro, com a camisa amarrotada e a barba por fazer, entrou em uma joalheria. Parou em frente a um mostruário e passou a observar um relógio de ouro com muito interesse.

Uma vendedora elegante se aproximou dele e, sem esperar um minuto sequer, ordenou a ele que saísse da loja, porque ali não era lugar para gente "daquele tipo". Quando ele falou que queria comprar o relógio, a vendedora gargalhou em tom de menosprezo e chamou o segurança, que rapidamente foi atender ao pedido da vendedora.

Antes que o segurança pudesse colocá-lo à força para fora do estabelecimento, o senhor disse à vendedora:

— Minha filha, eu sou fazendeiro e o dinheiro que eu ganho em um dia você não vai ganhar a sua vida toda. Deixa eu te mostrar uma coisa...

Nesse momento, ele sacou do bolso um bolo de notas de R$ 100,00 que seria suficiente para comprar o relógio e mais uma série de outros produtos da loja. A vendedora ficou transtornada e tentou remediar a situação, pedindo mil desculpas. Mas o senhor estava muito irritado e terminou a conversa com uma péssima informação para ela:

— Minha filha, eu era muito pobre e passei muita fome. Meu dinheiro comprou muita coisa, mas não mudei meu comportamento. Já meu irmão... esse mudou muito! Quando conseguimos ficar bem de vida, ele mudou para a cidade. Não lida mais com a terra e resolveu trabalhar com joalherias. Para ser bem honesto com você, ele é o dono desta aqui. E eu acho que você vai perder seu emprego... para aprender a respeitar uma pessoa mais velha e para aprender que não é a roupa que diz quem a pessoa é!

Cada cliente tem particularidades, lembranças e características que devem ser percebidas, administradas e respeitadas. Quanto maior a sua sensibilidade para conhecer o cliente, mais fácil será o seu processo de encantamento, pois a sua capacidade de desvendar carências implícitas estará acurada.

Coloque uma pessoa com "sensibilidade paquidérmica" para atender a um cliente que teve dois pneus do carro furados por um vizinho logo pela manhã, enfrentou cinco horas de fila em um banco com a tia de 70 anos (enquanto ela reclamava de todas as doenças possíveis e imagináveis) para receber a pensão do INSS e, na saída do banco, ainda viu sua ex-namorada linda e maravilhosa beijando aquele cara que ele detesta. Depois me conte o resultado!

Você acha que os clientes avisam antes de surtar? Até mesmo aquele cliente de rostinho inocente e angelical pode ser, na verdade, uma bomba prestes a explodir...

Precisava de um par de sapatos para ir a um casamento na noite do dia seguinte. Me programei para acordar cedo e comprá-lo; eu tiraria o dia para descansar, pois minha semana tinha sido "puxada" e eu queria ir tranqüilo para a cerimônia.

Fui dormir cedo, mas acordei às três escutando o funk-não-sei-das-quantas tocado aos berros, e descobri que um cretino do prédio em frente estava dando uma festa. Somente quando o som parou, consegui fechar os olhos... Vinte minutos depois, cinco adolescentes remanescentes da balbúrdia ficaram gritando debaixo da minha janela. Pedi com educação para que parassem e, como resposta, recebi uma saraivada de palavrões alusivos a minha mãe. Tranqüilamente joguei um balde d'água na cabeça dos elementos e fui dormir até as sete da manhã, quando o telefone tocou e me acordou. Era engano!

Já que tinha perdido o sono, tomei meu café com calma, li o jornal e depois fui comprar os sapatos. Entrei no carro, tentei ligar a ignição e descobri que minha esposa tinha acabado com o combustível. Peguei um galão e fui ao posto. No caminho, levei uma corrida do Rex, um vira-lata maluco, fera oficial de estimação da rua. Uma hora depois estava eu a caminho do *shopping*.

Final de semana, *shopping* congestionado, meia hora para conseguir uma vaga... Já estava espumando de raiva!

Entrei na primeira loja e ouvi dois vendedores comentando: "Esse tem cara de pobre, vai comprar nada!". Dei as costas e saí, pois achei mais prudente.

Entrei na segunda loja. O vendedor veio me atender, mas quando estava entregando meus sapatos, entrou na loja uma loira *dressed to kill.* O elemento simplesmente entregou o sapato na minha mão, falou que voltava logo e foi atender a loira. Sumiu por 45 minutos... e o pastel aqui aguardando. Quando ele apareceu novamente, falei meia dúzia de besteiras e fui embora.

Entrei na terceira loja já cego de ódio! A vendedora percebeu que eu estava prestes a surtar. Com muito tato, cortesia e habilidade, ela ouviu minhas desventuras e estabeleceu um laço de simpatia.

No final, comprei dois pares de sapatos, um par de tênis e ainda levei uma bolsa de presente para minha esposa!

Entretanto, devemos sempre ter em mente que *o cliente não é rei*! Podemos até fazê-lo pensar que é, mas devemos saber que, de fato, não é. Ignorar esse princípio é a melhor maneira de quebrar a sua empresa!

Não devemos sair fazendo loucuras para encantá-lo, nos humilhar e nem leiloar nossos serviços. Se não assumirmos o valor e a diferenciação que estamos entregando, entraremos em um leilão desgastante, em que baixamos nossas margens de lucro, espremendo tudo o que temos e às vezes também o que não temos e ainda corremos o risco de perder clientes para o nosso concorrente. Afinal, o jogo de preços é muito fácil e pode ser jogado por qualquer um: basta ofertar um preço menor que o do concorrente.

Entrar na guerra por preços mais baixos, como já dissemos, é algo muito perigoso. Quando você começa a fornecer muitos descontos, gera uma forte desconfiança em seus clientes em relação à qualidade dos seus serviços, além de criar uma relação com o cliente que já se inicia desgastada. Guarde bem essa mensagem: a negociação de preços e a oferta de benefícios são necessárias e saudáveis, mas devem ser limitadas aos interesses da empresa. Jamais devemos travar leilões!

Por outro lado, devemos lembrar que o cliente é de vital importância para a organização e deve ser tratado como tal, na busca de uma relação em que todos ganhem: o cliente fica feliz com o serviço eficiente, o atendimento de suas expectativas, o conhecimento e a suplantação de suas necessidades, tudo isso por um preço justo; a empresa atinge o lucro necessário e recebe o pagamento condizente com o esforço investido.

Devemos também atentar para o momento em que esse lucro deve chegar: nem sempre ele é instantâneo. Você deve estar apto a enxergar o futuro e vislumbrar ganhos ao longo do tempo, mas sendo sempre realista; não estamos na terra de Oz (lugar mágico onde se desenrolam as aventuras da menina Dorothy, criado pelo escritor L. Frank Bawn) nem vamos encontrar um pote de ouro no fim do arco-íris.

> Certa vez passamos por uma situação bastante desagradável, de onde extraímos uma importante lição.
>
> Recebemos a ligação de uma pessoa não muito educada requisitando nossos serviços, ressaltando que tinha uma situação financeira difícil e que não poderia pagar muito. Queria matricular-se para aprender inglês com aulas individuais, mas tinha que ser duas vezes por semana, iniciando às seis horas da manhã, e que o professor precisava ser nativo, pois "brasileiro não sabe falar inglês direito". Recebemos a proposta com a maior educação. Avaliando alguns riscos, calculamos o preço considerando nossas margens e negociamos de forma bem honesta. Concedemos alguns descontos, mas o cliente sempre falava que se não baixássemos o preço, ele iria para a concorrência, que era muito boa e estava disposta a negociar, pois "se importava com o cliente".

Caímos na besteira de nos envolver emocionalmente na briga e acabamos fechando negócio. Definimos e compramos o material necessário, assumimos compromisso com o professor e marcamos o início. Tudo mais que confirmado, matrícula feita, fichas preenchidas, cheque pré-datado.

Na data acertada, às seis da manhã, lá estavam o professor sorridente e a secretária menos sorridente, pois seu horário tinha sido mudado. Mas o aluno não apareceu. Ao ser contatado por telefone, contou a seguinte história:

— Olha, pensei bem, falei com o meu vizinho, que também é professor, e falei sobre o preço que vocês me cobraram. Ele me deu um desconto maior para me dar aulas na casa dele. Se vocês quiserem que eu estude aí, façam um preço melhor; caso contrário, vou estudar com ele. Ah, eu já sustei o cheque que deixei com vocês!

Conclusão: além da vergonha que passamos com o professor, perdemos tempo e aluno, e tomamos prejuízo com o material.

Numa situação como essa, não podemos nos envolver sentimentalmente na negociação e aceitar todas as exigências. Sempre que entramos numa briga de preços haverá alguém, muitas vezes com propostas vazias, que consiga apresentar custos menores e levar seu cliente. Além disso, um cliente que leiloa sua compra dificilmente será um parceiro e sempre será um opressor, uma pessoa difícil de lidar, que poderá nos abandonar a qualquer momento.

Dentro da relação com o cliente, precisamos também entender seu valor ao longo do tempo. Em geral focamos nossos esforços no aspecto da captação, investindo em propaganda e em uma boa recepção. Porém, precisamos pensar com muito mais cuidado na retenção do cliente. Por mais capaz que sua empresa seja de captar novos alunos, é preciso investir sempre, seja em propaganda, em capacitação de pessoal ou em infra-estrutura. O risco de resultados ruins é muito grande e o custo de cada matrícula bastante elevado, o que exige um determinado tempo de permanência do aluno na instituição para se ter um retorno do capital investido na captação.

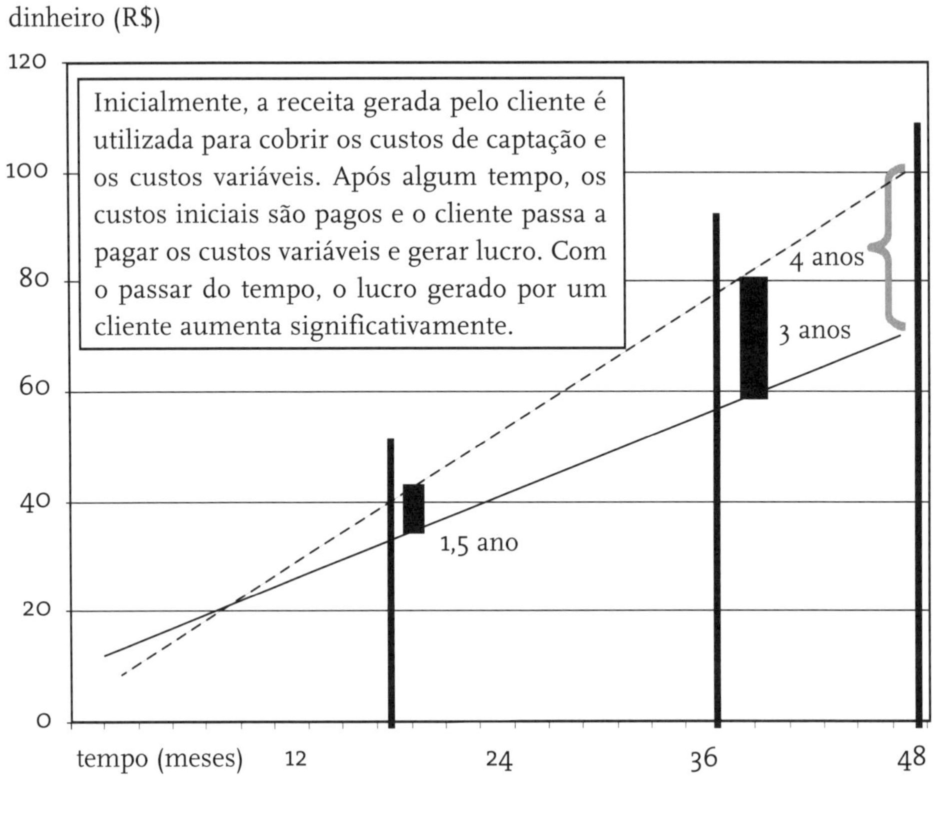

Evolução do valor de um cliente

Além disso, o aluno já matriculado é nosso conhecido. Sabemos sobre seus problemas e suas características: se é bom pagador, se é exigente. Se estiver encantado com nossos serviços, será um divulgador potencial muito eficaz. O aluno novo, por outro lado, é uma caixinha de surpresas. Então, parece-nos um pouco injusto, ou mesmo pouco inteligente, realizar campanhas fortes de captação, oferecendo descontos e brindes, sem que se olhe para os alunos já matriculados e se criem mecanismos de retenção eficazes. Num mundo competitivo como o de hoje, manter os clientes ativos e captar novos clientes são procedimentos decisivos para o sucesso de uma instituição. E não tenha dúvida de que é bem melhor manter os atuais alunos do que sair à caça de novos ou da reativação de matrículas trancadas ou canceladas.

Os gastos para captação de novos alunos são bem mais altos que os de manutenção. Mesmo sabendo disso, há inúmeros cursos que realizam um excelente trabalho de captação, mas não conseguem atingir o número pretendido de alunos devido a problemas de retenção. Por isso, quando um aluno nos procura com a intenção de trancar ou cancelar a matrícula, devemos empregar todos os nossos esforços para reverter a situação. Muitas vezes a solução de um problema simples ou a renegociação de dívidas e mensalidades faz com que o aluno permaneça na escola.

Todas as informações obtidas numa situação como essa devem ser armazenadas na base de dados, de forma clara e organizada, com controles estatísticos eficazes que permitam a antecipação de um problema ou a avaliação de uma tendência, e implementar medidas que previnam ou solucionem a questão. Além disso, as informações devem ir para o cadastro do aluno, para que saibamos se devemos tentar uma recuperação no futuro, se vale a pena investir nesse contato em outro momento ou indicar se é um cliente de comportamento problemático. Caso o controle sistemático não seja realizado e providências não sejam tomadas, o índice de evasão poderá comprometer a saúde financeira e até mesmo a existência da escola; inutilmente gastaremos dinheiro em campanhas de recuperação de alunos pouco eficazes ou tentaremos trazer de volta alunos-problema.

Para que medidas de retenção eficientes sejam adotadas, é necessário que você conheça bem sua clientela, por meio de contatos constantes. Para tal, ferramentas como questionários para avaliação de desempenho e satisfação, caixas de sugestões e e-mails para reclamações podem ser muito úteis. Tudo o que for recebido deve ser tratado com rapidez e eficiência, e o cliente deve ser informado sobre ações e resultados.

Quando optamos pela aplicação de questionários, eles devem ser elaborados, testados com uma amostra do público, avaliados e alterados caso seja necessário. Só depois desse procedimento eles poderão ser aplicados em todo o público de interesse, com tempo hábil para correção, análise dos dados e tomada de ações. Aplicar questionários já perto do final do ano letivo, quando nada mais pode ser alterado, não adianta muito, pois você poderá perder muitos alunos que poderiam ter permanecido se tivessem sido ouvidos com antecedência.

Podemos também fazer uso dos chamado *focus groups* com nossos alunos, com o objetivo de coletar idéias, pontos de vista, avaliações e informações para montagem de perfis ou planejamento de serviços. Os *focus groups* são grupos de pessoas que representam seus alunos totais ou alunos com certas características que você deseje estudar. Eles são convidados a participar e geralmente se oferece um brinde como incentivo e cortesia. São colocados em uma sala junto com uma pessoa que vai atuar como mediador. Esse mediador incentiva a discussão sobre o tema a ser estudado e as colocações/colaborações dos alunos são registradas para estudo, avaliações e planos de ação.

A realização de campanhas motivacionais *indoor* (para o público interno: alunos, pais, professores e funcionários) poderá transformá-los em entusiasmados divulgadores externos, desde que as recompensas sejam interessantes: brindes, descontos nas mensalidades e na compra de material, gratuidade de material e de algumas mensalidades, viagens, cupons para troca por mercadorias em lojas da região... Mas seja honesto: se prometer, cumpra!

Outra oportunidade, não apenas de retenção mas também de captação, são os convênios e parcerias. Um programa de relacionamento com cartões de desconto, através de convênios com lojas, academias de ginástica, clínicas de estética, centros de diversão, restaurantes, provedores de Internet e TV a cabo, jornais e revistas, clubes, agências de turismo etc., pode ser um fator a mais para aumentar o valor agregado ao serviço de ensino oferecido e constituir mais uma barreira de saída, pois o aluno perde tais "ofertas" se trocar a empresa por outra concorrente.

Outra estratégia para manutenção de alunos a ser considerada é a promoção de campanhas para antecipação de rematrículas e matrículas com descontos diferenciados, diminuindo a possibilidade de "fuga" de alunos que não querem pagar as mensalidades de dezembro e janeiro, fato que causa forte impacto nos resultados financeiros, principalmente num período em que temos tantas despesas.

Relembrando e reforçando o que já conversamos:

- O cliente é mais importante que o não-cliente! Ele já está gerando um fluxo de caixa, enquanto quem está fora pode ou não nos aceitar.
- Alguns clientes são mais importantes que outros. Infelizmente, essa é uma regra dura, mas que precisa ser respeitada. Se você tem um aluno particular que paga R$ 1000/mês e outro que paga R$ 50/mês e estuda em uma turma que está dando sinais de que irá acabar, você terá que tratá-los de forma diferenciada. Concessões, pedidos e exigências deverão ser avaliados caso a caso.
- O valor de um cliente para a empresa é muito maior que o valor que ele está pagando naquele momento.
- A aquisição ou reativação de um cliente é bem mais cara que a manutenção de um cliente que já está ativo, pois exige investimentos em propaganda, divulgação e aplicação de testes.
- O conhecimento e o bom relacionamento com o cliente permitem a melhoria do serviço e a criação de barreiras de saída. Geram ainda a oportunidade de oferecer serviços complementares.

Entendendo o cliente e sua percepção

O que é percepção? Qual a sua importância na prestação de serviços?

Como você já deve ter percebido (apenas um trocadilho!), a percepção tem papel fundamental no processo de prestação de serviços e merece muita atenção de nossa parte. A partir do momento em que conseguimos entender melhor como funciona o processo de percepção na cabeça de nossos clientes e como ele influencia na compra, minimizando a sensação de risco e ampliando a sensação de satisfação, podemos ser mais eficientes e evitar desperdícios, concentrando esforços para atender os pontos-chave, que são mais visíveis, e deixar de lado os pontos secundários e pouco valorizados por cada cliente. Passamos também a dar mais atenção aos detalhes que poderão ser convenientemente colocados à mostra para serem notados ou sutilmente apresentados, reforçando a imagem que queremos passar. Nos damos conta também do efeito destrutivo de um cliente insatisfeito que está se sentindo ludibriado.

Um exemplo muito simples, durante uma captação, é o caso do possível cliente que precisa aprender um idioma com bastante rapidez para fazer uma viagem: executivo de elevado nível intelectual, muito exigente, sem tempo a perder e que tem dias estressantes de trabalho. Em geral, ele vai querer saber o investimento pessoal e financeiro, qual a capacitação e qualificação das pessoas que irão ter contato com ele, quais as facilidades que o curso oferece para acelerar o aprendizado e reduzir o tempo gasto. Além disso, ele tentará ter a sensação de estar fazendo um bom negócio financeiro, podendo ainda gerar algum *status* perante seus colegas.

Qual seria a melhor estratégia de divulgação: uma rápida conversa objetiva, com envio de proposta financeira por e-mail, ou uma conversa prolongada, enaltecendo as características do curso em comparação aos da concorrência local? Será que trabalhar a imagem do curso, dando ênfase às empresas de grande porte que são clientes e aos executivos que estudem na empresa, não minimizaria a sensação de risco, passando a imagem de um curso objetivo, claro, profissional, moderno e com foco no resultado?

No mesmo curso, no entanto, podemos ter uma adolescente que precisa de uma aula à tarde, por imposição de sua mãe. Será que nesse caso não é melhor dar ênfase ao perfil dos alunos e à forma do aprendizado, ao estilo do professor, passando a sensação de ser um lugar jovem e informal?

É óbvio que os exemplos dados são casos bastante diferentes e que uma das bases de estruturação do negócio é definir o nicho de operação, o público-alvo e o posicionamento da marca. Porém, nada impede que tenhamos procura de perfis que não são exatamente o perfil considerado ideal; temos então que aprender a mostrar as características positivas da empresa, que atendam às necessidades e aos desejos dos clientes.

Entretanto, se seu instituto, curso ou escola não tiver as características procuradas pelo cliente, seja sincero e objetivo. Mentir, nunca! Por isso, se você não tiver a possibilidade de atender adequadamente ao executivo ou à adolescente, seja sincero, não tente enrolar ninguém. Ele poderá não ser seu aluno, mas poderá indicar sua empresa para outro — isto, é claro, se você mostrar que é competente e for honesto na divulgação.

A percepção pode ser trabalhada e usada como arma positiva para reforçar uma imagem ou idéia, e como canal para envio de uma mensagem. Mas cuidado: nem por um instante cogite a hipótese de ludibriar ou manipular o cliente, pois nossa conduta moral é passível de ser avaliada a todo momento e tem um peso fundamental na sobrevivência de seu negócio em longo prazo.

Mas o que é, afinal, a percepção? Não temos a pretensão de ir a fundo no assunto ou fornecer explicações técnicas. O que desejamos é mostrar conceitos baseados em trabalhos de especialistas no assunto (que não somos nós!), pois o tema tem base filosófica bastante complexa e implicações fisiológicas, já que se trata também de estudar o funcionamento dos sentidos.

Compilando alguns textos sobre o assunto, podemos definir a percepção como o processo de decodificar e compreender os estímulos sensoriais recebidos em uma determinada situação, e, a partir desses estímulos, criar uma imagem da coisa percebida. Para isso, comparamos o que estamos sentindo com toda a nossa experiência do passado, estado emocional, preconceitos, conceitos, crenças e ideologias. A percepção pode também ser descrita como a forma como vemos e fixamos a imagem do mundo à nossa volta, ou, ainda, a forma como montamos a representação e o conhecimento que achamos possuir das coisas, pessoas e situações, ainda que sejamos, muitas vezes, induzidos ao erro.

O filósofo Immanuel Kant, refletindo sobre a percepção, disse: "Nós não vemos as coisas como elas são, e sim como nós somos". A percepção não nos permite ver as coisas como elas realmente são, mas como achamos que elas são, ou seja, muito influenciados pelo que somos. O não-reconhecimento disso nos leva à certeza de estarmos vendo as situações de forma real e fazermos julgamentos errados. Logo, mesmo que estejamos interpretando os sinais de forma incorreta, essa leitura, para nós, é a realidade.

Ao contrário do que muitos pensam, o ser humano possui mais que cinco sentidos. Além de visão, audição, tato, olfato e paladar, possuímos ainda o sentido cinestésico (que nos permite saber a posição dos membros), o sentido vestibular (que é o sentido de equilíbrio do corpo) e o sentido orgânico (que nos traz informações sobre hidratação, nutrição, condição hormonal e oxigenação). Além disso, é importante saber que a visão se divide em percepções de cores, formas, movimentos etc., tornando ainda mais complexa a situação.

A percepção pode ser definida, então, como o processo pelo qual o indivíduo seleciona, organiza e interpreta os estímulos que recebe através dos sentidos. Esse processo pode ser separado em duas etapas: a sensação e a interpretação.

Podemos explicar a sensação da seguinte forma: os estímulos dos sentidos são captados pelos receptores — células nervosas especializadas que recebem/codificam a excitação e transmitem-na para o sistema nervoso em forma de impulsos elétricos. O cérebro recebe simultaneamente as informações de todos os órgãos sensoriais, integra-as com as experiências passadas, motivações e emoções presentes, gerando sensações. Para isso, o cérebro cria uma escala de valores, priorizando essas sensações em função da atenção do momento, e interpreta os estímulos.

Tendo em vista que os estímulos são muitos e simultâneos, e que não temos como processá-los ao mesmo tempo com a mesma carga valorativa, a atenção passa a ter uma função extremamente importante, comportando-se de forma seletiva. A seleção da atenção é influenciada por muitos fatores, dentre os quais as necessidades momentâneas, os interesses e os valores. É possível inclusive gerenciar a atenção, voltando-a para estímulos inesperados, súbitos e intensos ou que representem um desvio, uma irregularidade, ou ainda aqueles que reforcem nossas idéias e valores. Estímulos intermitentes também são capazes de chamar a nossa atenção, desde que corretamente espaçados e aplicados.

A interpretação significa organizar os estímulos transformados em sensações, dando um significado a elas. Esse processo varia de indivíduo para indivíduo em função de suas características próprias, experiências passadas, idéias preconcebidas, conceitos, crenças, ideologia e, principalmente, pela personalidade do observador, que muitas vezes projeta em uma situação ou pessoa suas próprias características. Um observador desonesto tende a achar que, em uma negociação, o outro negociador tentará enganá-lo. Um sujeito extremamente honesto, por outro lado, pensará provavelmente que o outro também o é.

No ato da venda de um serviço, a percepção de risco pelo cliente é uma das mais importantes e tem relação com a incerteza quanto ao real objetivo por ele desejado, a real necessidade do serviço, a satisfação a ser obtida em relação ao investimento e a aprovação social em função do *status* gerado pela compra. A indecisão é agravada pela grande possibilidade de escolhas e dos riscos de uma escolha errada, ampliados pela impossibilidade de experimentação prévia e pela intangibilidade que caracteriza a prestação de serviços. Essa percepção também é aguçada e modificada pelo estímulo recebido do meio ambiente: o cliente compara os estímulos recebidos (visuais, auditivos etc.) à imagem do ambiente que já estava formada em sua mente, ou seja, suas expectativas. Se o cliente percebe, sensorialmente, que suas expectativas estão alinhadas com a proposta da empresa, então a sensação de risco diminui. Caso contrário, quando os estímulos não correspondem às suas expectativas, aumenta a sensação de risco e dificulta ou impede a venda.

Em um trabalho de divulgação, as instalações, o odor, a atitude e a aparência do divulgador atuam como fatores de grande importância e, relacionados à condição atual do cliente, poderão gerar uma percepção positiva ou negativa da empresa. Além desses fatores, a análise do cliente também inclui, muitas vezes:

- Oferta de atividades extras.
- Forma de compra, parcelamento e entrega de material didático.
- Planos e forma de pagamento das mensalidades.
- Transporte para as crianças.
- Segurança.
- Recreação e programas especiais nas férias.
- Clubes culturais.
- Vínculo com entidades internacionais.
- Serviços disponíveis para consulta on-line: programação de aulas, dicas, dicionários, plantão gramatical, exercícios extras, músicas, tira-dúvidas etc.

Voltemos ao exemplo do executivo. Como poderemos passar a idéia de profissionalismo, presteza e modernidade se o divulgador estiver de chinelo, se a sala tiver cheiro de mofo ou se houver uma máquina de escrever na mesa da secretária? Será que na cabeça dele não vai haver uma confusão ou a percepção de divergência entre o que está sendo falado e o que está sendo visto? Será que dessa forma a sensação de risco não vai ser ampliada, ao invés de ser minimizada? Pois bem, essa "confusão" é chamada de *dissonância cognitiva*, e ocorre nas situações desconfortáveis em que uma pessoa adquire conhecimentos e tem experiências novas que contradizem suas antigas crenças e opiniões.

O caminho mais lógico para sanar essa sensação seria levar a pessoa à busca de mais informações para sedimentar e embasar melhor seus conhecimentos, formando uma opinião mais segura. Essa seria a saída mais lógica, porém mais difícil, pois caso seja comprovada a nova hipótese apresentada, o indivíduo terá de reconhecer que foi enganado anteriormente, ou que foi levado a se sentir um idiota por acreditar em algo que não é real. Outra maneira com a qual as pessoas tratam a dissonância cognitiva é "inventar" ou aceitar explicações que normalmente seriam consideradas absurdas, ou ainda maximizar detalhes sem importância, validando assim seu conhecimento prévio e se protegendo de ter que admitir que sua posição estava errada. Há também aqueles que deixam de lado as informações que criam a dissonância, sempre em prol daquela imagem anterior que é mais valorizada.

Um excelente meio para reduzir a percepção de risco é a oferta de aulas demonstrativas, nas quais o aluno terá a chance de "provar" o serviço antes de comprá-lo. Não é nem preciso dizer que essas aulas têm de ser um verdadeiro "show de encantamento" — impecáveis! No segmento infantil, essas aulas geram mais resultados se vinculadas a elementos artísticos, projetos e recreação.

Imagine a seguinte situação: uma criança é convidada a participar, durante as férias escolares, de um projeto chamado "Uma viagem para o planeta da alegria". O convite foi feito na escola em que estuda, no dia da entrega de boletins (início do mês de dezembro). A pessoa que faz o convite entrega ao responsável um kit explicativo sobre o projeto, incluindo os custos. Para os alunos daquela escola, há a possibilidade de participação gratuita para aqueles que fizerem suas inscrições até uma determinada data. Nesse caso, o valor para participação no projeto será dois quilos de alimentos não perecíveis, que serão destinados a uma instituição de caridade do bairro. Existe a opção de escolha de data para participar: meio ou fim de janeiro. O projeto terá a duração de cinco dias com duas horas de atividade por dia, nas quais o aluno participará de atividades recreativas conduzidas em inglês, cantará músicas, assistirá a vídeos e confeccionará uma série de trabalhos artísticos. A cada dia ela terá algo de novo para contar!

Imagine essa criança chegando em casa com um boneco de papelão que ela mesma confeccionou. Enquanto brinca, ela canta em inglês e dança uma animada musiquinha sobre as partes do corpo. No término do projeto, os pais são convidados a realizar um "tour experiencial" na escola e assistir a uma palestra de interesse, como "Relações entre pais e filhos no mundo moderno" ou "As transformações de nossos filhos na infância e pré-adolescência". Enquanto isso, as crianças estarão em outra sala confeccionando um cartãozinho em inglês para os pais, expressando todo o seu amor. Recebem também um convite-matrícula com desconto diferenciado. A apresentação termina com as crianças cantando.

Existirá melhor influenciador do que essa criança, desejosa de retornar ao convívio do curso? Além disso, como os pais já puderam experienciar resultados, a estrutura e o atendimento, já terão estabelecido alguma forma de vínculo.

Mas não fica muito caro fazer um projeto assim?! Tudo depende de planejamento, adaptação e correta utilização de recursos. Você tem salas e professores ociosos nesse período? O coordenador pode pesquisar e ministrar a palestra? Os investimentos poderão ser recuperados com as matrículas?

Lembre-se de que essa também é uma forma de espalhar elementos para o "boca a boca", captando ainda mais alunos. Você poderá oferecer, além da aula demonstrativa, algumas aulas de "degustação" na turma que ele vai entrar. Vale ressaltar aqui a importância da honestidade: temos que primar por "aulas show", mas essas aulas devem refletir a sua real proposta; caso contrário, o cliente se sentirá enganado.

Em função do que vimos, podemos concluir que deve-se dar ao cliente potencial estímulos que reforcem as características condizentes com as suas expectativas em relação ao curso. Mas isso deve ser feito com honestidade, mostrando a "cara" do seu serviço e com muito cuidado, pois as pessoas tendem a perceber melhor os estímulos relacionados a suas necessidades atuais, interpretando as informações de acordo com seus desejos particulares e internos, reforçando seus preconceitos em vez de contrariá-los. Além disso, um indivíduo retém por mais tempo as informações que mais interessam para ele naquele momento ou aquelas que reforcem suas atitudes ou crenças; supervaloriza, assim, os estímulos que ratificam uma idéia preconcebida, distorcendo muitas vezes a interpretação desses estímulos.

Por isso, é necessário fazer a correta estruturação técnica de um programa de divulgação para clientes potenciais (*prospects*), com a definição de um roteiro que sirva de base mas que tenha espaço para flexibilizações e customizações, de acordo com cada caso. Também é de fundamental importância a capacidade do divulgador em relação à leitura e à interpretação dos sinais emitidos pelo interlocutor: ele deverá enfatizar as características que possam suprir não apenas as expectativas expressas, como também os desejos e as reais necessidades do possível cliente.

Devemos promover a perfeita coerência entre a forma de apresentação do serviço prestado, o ambiente e a postura da pessoa que faz a divulgação. Dessa forma, não daremos vida a fantasmas que já habitam a cabeça do cliente, relacionados ao medo de ser enganado, de não fazer a melhor escolha ou de pagar muito pelo serviço que será prestado.

Cabe lembrar da tendência em aceitar opiniões de pessoas que nos são próximas e que têm conosco laços de amizade. Uma experiência ruim que um amigo nos relata pode criar em nossa cabeça um preconceito muito forte, que vai dificultar bastante em aceitar como verdadeiro um processo contrário de convencimento que possamos perceber durante uma divulgação. Por isso, quando perdemos um aluno ou passamos por uma situação ruim com um cliente, devemos ter em mente que poderá facilitar ou atrapalhar divulgações futuras, ou distorcer a percepção de outras pessoas sobre a nossa empresa. Assim, devemos primar para que mesmo os rompimentos sejam feitos sem mágoas nem ressentimentos.

Em sala de aula, um exemplo disso ocorre quando o professor de uma determinada turma precisa faltar e é substituído por outro. Se a coordenação passa, ao professor substituto, informações distorcidas sobre cada aluno, ele enxergará apenas situações e ações que ratifiquem a versão distorcida da coordenação. Ele adquire uma percepção "contaminada", diferente daquela que teria se não fosse influenciado a agir sob essa ótica distorcida. Para que sua percepção seja "corrigida", é necessário conviver com os alunos, conhecê-los melhor e analisar suas atitudes, descartando o perfil originalmente apresentado.

A percepção do cliente sobre o nosso serviço continua sendo extremamente importante após a captação e durante o ensino, ligada à sensação de satisfação e à formação da imagem da organização. Por isso, não basta que você ensine bem de acordo com sua técnica e visão: os clientes precisam perceber que isso está ocorrendo! O desafio é fazer com que isso aconteça mesmo que o cliente possua uma "ignorância técnica", limitações ou uma visão distorcida de ensino.

É exemplar o caso de um executivo que, pressionado pela empresa em que trabalhava para aprender rapidamente o idioma, cismou que deveria apenas falar e considerava perda de tempo estudar gramática. Nesse tipo de situação, cabe ao curso fazer o aluno perceber que está evoluindo dentro de seu objetivo central, mas que a base gramatical é imprescindível e que conhecimento se adquire com um determinado tempo e bastante esforço — não é misturar água com pó de livro, beber e sair falando uma língua!

Devem-se criar situações em que o indivíduo, por si só, tome ciência de que sua compreensão sobre o idioma e sua capacidade de comunicação estão aumentando — e isso tem de ser constante! Também é importante que os possíveis fracassos, como tentativas de tradução de letras de músicas e restrições de vocabulário, sejam explorados e explicados de modo a se converter em estímulos positivos. Dessa forma, você estará trabalhando a percepção do cliente e dará reforços constantes para que a satisfação seja alcançada.

Em suma: é fundamental que o cliente perceba, entenda e aceite que comprou um excelente serviço, e que não apenas nós estejamos cientes disso.

Imagem × realidade

Mesmo que a empresa seja segmentada em seções ou setores, o cliente a percebe como um todo. Se a empresa não tomar uma decisão em conjunto voltada a atender o cliente, uma pequena parte ou mesmo um indivíduo poderá colocar todo o trabalho em risco, exigindo um esforço hercúleo e gastos financeiros para não transformar o cliente em um inimigo. Como já foi amplamente observado: imagem é realidade! Essa realidade, que os grupos que mantêm contato com a organização e os clientes (atuais, potenciais ou perdidos) percebem e valorizam, é o que constitui a imagem da empresa. Não necessariamente trata-se da realidade de fato: essa imagem pode ter sido gerada por uma distorção, ou seja, ter sido interpretada incorretamente por um dos grupos com os quais a empresa se relaciona.

Se levarmos em conta que grupos ou indivíduos diferentes podem perceber de modo diferente (e mesmo de forma oposta) um mesmo estímulo, chegamos à conclusão de que uma mesma organização pode ter mais de uma imagem. No entanto, em geral uma determinada percepção comum (boa ou ruim) prevalece para a maioria dos grupos alcançados pela empresa. Muitas vezes essa percepção é local, de um determinado setor da empresa, e não se aplica a todos os lugares em que a empresa opera ou a todos os departamentos. Nesse sentido, podemos falar de uma imagem corporativa ou empresarial e de uma imagem local ou setorial. A tendência é que a primeira repercuta na segunda.

Um conceito bastante interessante relacionado a isso é o de *posicionamento*, definido por Al Ries e Jack Trout (2002) como "aquilo que você provoca na mente de seu cliente potencial", isto é, a imagem que vem à cabeça do cliente quando ele entra em contato com a sua marca. O posicionamento de uma marca (leia-se empresa) na mente do mercado consumidor exige um trabalho muito forte de comunicação de marketing. Porém, um trabalho ainda mais importante é o de sedimentação e afirmação dessa imagem com o serviço prestado — ou seja, fazer o que foi dito. Se obtiver sucesso em seu posicionamento, a imagem forte criada e sedimentada passa a exercer uma influência positiva, mesmo quando ocorrer uma dissonância cognitiva. Exemplo disso é a marca Rolls Royce: se você tiver a oportunidade de ver um carro desses com defeito parado em uma rua, provavelmente vai acreditar em tudo, menos que o carro teve um defeito de fabricação!

Esse conceito reforça a necessidade de que toda empresa se preocupe com sua imagem. Ora, uma imagem favorável e bem conhecida gera predisposição positiva nos consumidores, auxiliando a captação. Quando, em vez disso, a empresa tem uma imagem negativa, fica mais difícil para os clientes compreenderem algo desagradável como acidental. O mais provável é pensarem que não podiam esperar outra coisa! Além disso, o trabalho de convencimento na captação fica mais caro e difícil, com uma carga muito grande de desconfiança.

Como se pode perceber, o processo de encantamento do cliente é contínuo, árduo e responsabilidade de todos dentro da empresa. A empresa é a marca para o cliente! É o ser humano que atende ao telefone, executa uma divulgação, atende a um pai de aluno, responde pela conservação da escola, recebe um pagamento. Se esse ser humano está não somente envolvido, mas também comprometido com o processo de criação de vínculos, provavelmente gerará uma sensação positiva. Caso contrário, a sensação será negativa e a marca será penalizada, através de sua imagem.

Para melhor exemplificar esse aspecto (envolvimento × comprometimento), podemos utilizar o exemplo clássico do prato de bacon com ovos — a galinha está envolvida, pois entra com o ovo, e o porco está comprometido, entrando com a própria pele! No envolvimento, a pessoa toma parte, ajuda, participa, contribui, mas não internaliza a importância dos objetivos e metas. Já no comprometimento, a pessoa realmente assume um compromisso; os objetivos e metas da equipe tornam-se objetivos e metas pessoais e o indivíduo se esforça ao máximo.

As pessoas são responsáveis pelo sucesso ou fracasso de sua empresa

Mais uma vez, é importante ressaltar que não temos como objetivo inventar conceitos ou rever os que já estão tão bem estudados e difundidos. Estamos apenas abordando alguns elementos normalmente considerados e analisados nos âmbitos do marketing e da qualidade em prestação de serviços, e tentando passar nosso ponto de vista, fundamentado em nossas observações e experiência. Então... vamos lá!

Os serviços, conforme já dissemos anteriormente, são bens intangíveis e normalmente consumidos à medida que são produzidos. São produzidos e consumidos por seres humanos que possuem emoções, sentimentos, comportamentos, passado, memória, ambições, desejos e limitações.

Falar sobre qualidade em serviços é muito complicado, pois sua avaliação é totalmente subjetiva, varia de consumidor para consumidor e de fornecedor para fornecedor, e leva muito em conta a percepção. Um bom exemplo disso é o do médico: ele pode ser tecnicamente perfeito, fazer uma avaliação completa de um paciente, pedir os exames corretos e conseguir fazer tudo isso em 15 minutos, mas seus serviços podem ser considerados de baixa qualidade e até mesmo difamados se o cliente, mesmo na condição de leigo, achar que 15 minutos não são suficientes para um diagnóstico. Será que podemos provar que o serviço foi de boa qualidade?

Como é possível medir essa qualidade? Será que o paciente (que, na realidade, é um cliente) vai voltar e dar continuidade ao tratamento?

Posso afirmar que não. As pessoas tendem a respeitar seus sentimentos e procurar um atendimento que elas percebam como suficiente ou excedente à sua expectativa, como já vimos.

Certa vez, fui a uma grande concessionária para comprar um carro. Entrei, fui muito bem atendido pela vendedora, comecei a negociar e quase fechei o negócio, a não ser por uma dúvida com relação a uma taxa de juros. Disse à vendedora que iria para casa fazer umas contas e que voltaria no final da tarde para fechar o negócio. Fui para casa, vi que a proposta era boa e daria para fechar o negócio. Peguei meus documentos e voltei para a concessionária. Como o trânsito estava ruim, me atrasei um pouco e a vendedora já havia ido embora.

Quando ia saindo, soube que o gerente estava lá. Resolvi tentar fechar o negócio na hora. Ele me atendeu com uma arrogância que me incomodou bastante. Estava me sentindo culpado por querer comprar um carro zero quilômetro com ele... e olha que não era um carro muito baratinho! Faltava só um pouquinho para que eu me desculpasse por estar tentando gastar meu suado dinheirinho na empresa em que ele trabalhava, mas tudo bem...

Conversei com o cidadão e falei que a proposta estava boa, mas pedi para que ele verificasse se a taxa de financiamento podia ser revista, pois estava um pouco acima da minha expectativa... Na realidade, eu ia fechar o negócio de qualquer jeito e não estava nem um pouco preocupado com a tal taxa, mas queria ver qual seria a reação dele.

A postura foi a seguinte: "minha oferta é essa, a taxa é a

definida pela diretoria e se o senhor quiser pode procurar outra oferta no mercado; duvido que encontre melhor que a nossa". Naquele momento, achei que já era demais! Agradeci com educação, pedi desculpas pelo incômodo e me retirei.

Dois dias depois a vendedora me ligou para falar que o carro ainda estava lá! Agradeci a ela e pedi também para que ela agradecesse ao gerente, pois saí, fui para a concorrente ao lado e fechei o negócio, com condições bem melhores. Se ele não tivesse sido tão infeliz e arrogante no atendimento, eu teria fechado com eles e perdido uma boa quantia em dinheiro!

Agora, vamos fazer uma continha... Tenho 35 anos. Considerando que troque de carro a cada dois ou três anos e que eu não morra muito jovem nem tenha um revés financeiro, quantos carros esta empresa deixou de vender por causa de um atendimento ruim?

Eu não queria nada de mais, apenas um tratamento decente. Se ele tivesse sido menos arrogante, teria feito a venda!

O sucesso na prestação de serviços tem uma base muito forte nas relações humanas, principalmente em gostar de pessoas, saber relacionar-se e gostar de servir. Também está intensamente ligado à capacidade de descobrir os desejos do cliente e interpretar a forma como ele irá expressá-los.

Apesar de toda a subjetividade, a prestação de serviços tem objetivos bem claros, que nunca podem deixar de ser considerados. Sabemos que o principal motivo da criação e manutenção de um empreendimento é o *lucro*, representado por dinheiro, causas pessoais, causas sociais etc. Dentro da prestação de serviços, esse lucro deverá ser sempre conseqüência de um trabalho bom e árduo, e sempre estará fundamentado em *pessoas* e no querer dessas pessoas. Se as elas realmente quiserem e forem bem orientadas, conseguirão atingir os objetivos propostos. Mas para que isso possa acontecer, precisamos criar um ambiente propício e colocar as pessoas certas fazendo aquilo que amam, podem e são capazes.

Quando o ser humano foi criado, esqueceram de colocar uma chavinha para que ele pudesse se desligar de todos os seus problemas particulares no trabalho e se desligar totalmente do trabalho quando estivesse em casa. O homem não consegue se dividir muito bem, e por mais profissional que seja nunca vai conseguir separar totalmente a vida profissional da particular.

O ciclo a seguir mostra um encadeamento de ações necessárias para se alcançar um objetivo que atenda a todos. Ele propõe uma relação lógica entre as pessoas que prestam um serviço, a empresa e os clientes. Numa primeira avaliação, ele nos parece muito simples e angelical, mas é um ciclo complexo que, para ser implantado, exige muita determinação, trabalho, paciência e, muitas vezes, uma certa dose de firmeza e rigidez de comportamento.

É importante ressaltar que a qualidade, no enfoque proposto, tem uma conotação de equipe e não individual. Desse modo, o sucesso da empresa está totalmente atrelado às relações colaborador/cliente/empresa, que nada mais são que relações humanas. Você acha que aquele funcionário sujeito a tiranias e humilhações, totalmente menosprezado, tem real interesse em crescer junto com a sua empresa? Será que ele está disposto a servir decentemente um cliente e vai conseguir obter prazer desse relacionamento? Será que ele associa a manutenção do cliente à manutenção do próprio emprego e o crescimento da empresa ao seu próprio crescimento? Será que um ambiente cheio de mentiras, fofocas, relacionamentos superficiais ou falsos permitirá que um funcionário se sinta motivado a executar seu serviço? Será que a arrogância de certos chefes não intimida seus funcionários? Será que a subserviência de determinados funcionários, que são pacíficos ao extremo e se recusam a apresentar sua opinião por medo de "ficar mal com o chefe", ajuda na manutenção da empresa em um ambiente competitivo? Será que a economia nos salários não está causando prejuízos muito maiores na perda de clientes, e que um salário justo para cada função não permitiria a utilização de uma mão-de-obra mais qualificada e motivada, gerando um retorno maior para a empresa?

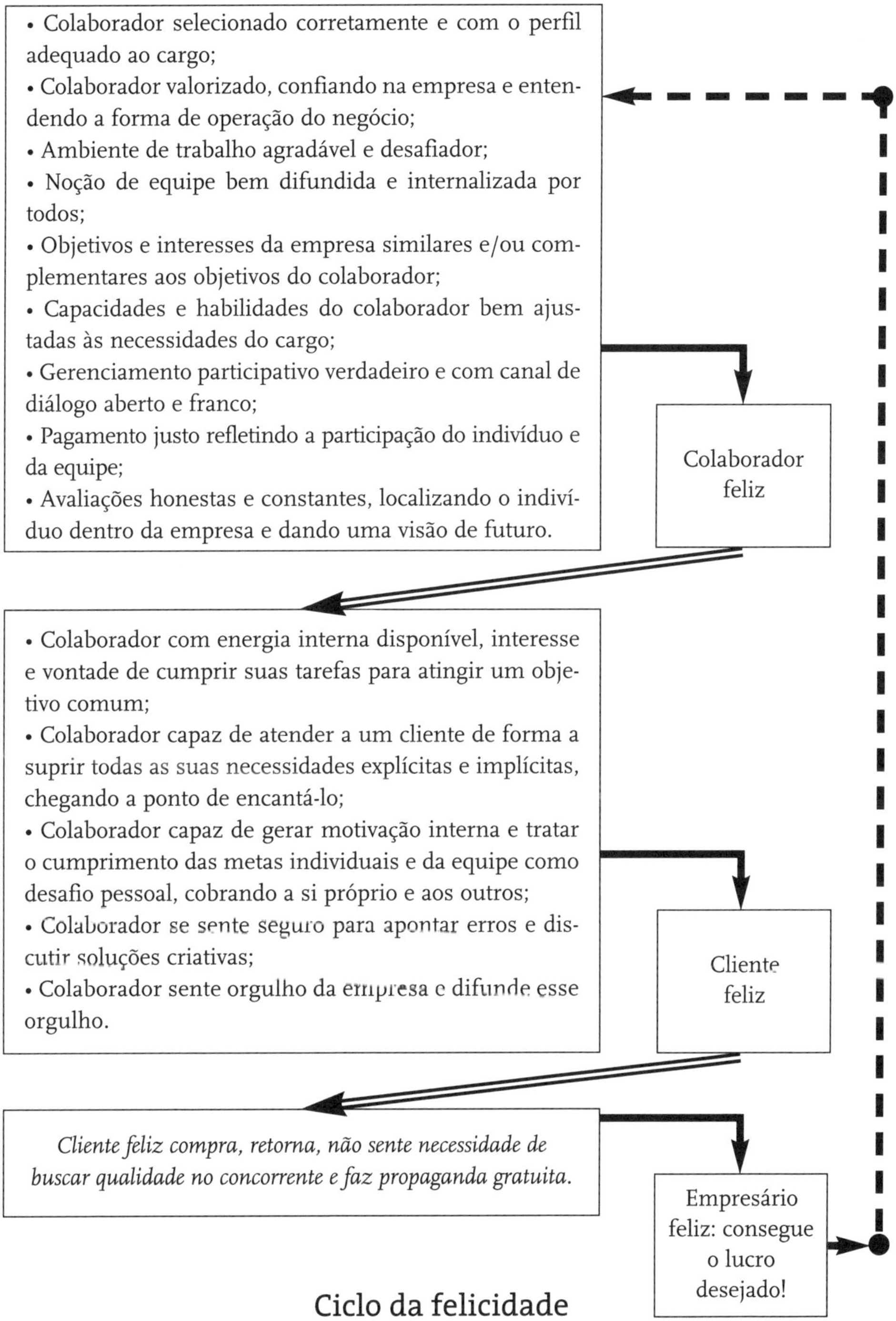

Ciclo da felicidade

Nas condições atuais de mercado, em que o consumidor assume sua real importância, o tratamento dispensado a ele é fundamental e sua satisfação completa deve ser um desafio diário (obviamente, dentro do que a empresa se propõe a aceitar). As pessoas envolvidas nesse processo devem estar comprometidas com os objetivos de toda a equipe e, para isso, é necessário que estejam satisfeitas, felizes, gostando e sentindo orgulho do que fazem. Precisam ter confiança em seus líderes, estar bem informadas sobre os rumos da empresa e ter coragem para expor suas idéias e pontos de vista, mesmo que sejam conflitantes com os da equipe. Somente assim se comprometerão realmente, sentindo-se motivadas e com todo o gás para realizar suas funções.

É obrigação das pessoas em cargo de liderança facilitar o andamento do serviço, corrigir os rumos e investir esforços em prol da boa percepção do cliente sobre o serviço, evitando desvios desnecessários, muitas vezes fatais. A prestação de um serviço é sempre baseada na interação entre as pessoas desde o primeiro instante e durante todo o processo, não só externamente mas também dentro da empresa. O que obtemos é o resultado dessa interação.

Em instituições de ensino, todos acabam interagindo diretamente com o cliente, e, na maioria dos casos, as empresas não podem escolher quem é a pessoa que assume o papel de cliente e definir como deve se comportar nas mais diversas situações. Porém, podem escolher quem assume o papel da empresa e a representa. Se o seu representante não for capaz de agir da forma que você deseja ou considera como a correta, de vender a idéia que você quer, você já começa o jogo perdendo e diminuindo muito sua possibilidade de ser bem-sucedido. Por isso, é primordial que se faça uma seleção primorosa: por mais simples que você considere o cargo, ele deve ser ocupado por uma pessoa que possua o perfil adequado e queira exercer a função.

É importante que todo o processo seja mapeado, ou seja, que se tenha uma noção exata de como a empresa vai funcionar, como será o fluxo dos processos e das informações. Com essas informações em mãos, poderemos definir quais os postos de trabalho necessários e quais as características técnicas e de personalidade necessárias para os ocupantes desses postos.

Devemos selecionar funcionários de forma inteligente e séria, se possível com a ajuda de testes psicológicos e de conhecimentos específicos. Utilize também entrevistas estruturadas, dinâmicas de grupo e provas situacionais. Posicione as pessoas em funções que as mantenham constantemente motivadas, nos cargos onde suas melhores características possam ser aproveitadas e onde suas deficiências possam ser superadas.

Nunca contrate uma pessoa apenas com indicações de um amigo, pois ele ficará chateado se a pessoa indicada for demitida ou se ela não tiver maturidade suficiente para dizer que não se adequava ao cargo — colocando a culpa em sua forma tirânica de trabalhar! —, ou, pior ainda, se você se sentir obrigado a manter um funcionário que não corresponda à sua real necessidade para não desagradar o amigo que o indicou.

Outra atitude a ser evitada é a contratação em função de seu "coração mole": em vez de resolver um problema e ajudar uma pessoa, você criará outro problema, que terá de ser administrado no futuro. Além disso, poderá ser injusto com outra pessoa mais adequada ao perfil da vaga, e que permanecerá desempregada. Você será também injusto com sua equipe, prejudicada nos resultados a serem alcançados ou mesmo na sobrecarga da maioria para superar a fraqueza de um elemento.

Nunca seja apressado em uma contratação: pense, escreva e analise o perfil de que você realmente precisa, e não aquele que você quer! Verifique se o perfil do candidato se enquadra, se ele não é qualificado demais, se as suas raízes e aspirações são compatíveis com o trabalho a ser executado. É melhor demorar um pouco mais e fazer uma contratação correta do que se apressar e tomar uma decisão inadequada.

Cuidado para não contratar uma pessoa apenas porque ela tem um perfil semelhante ao seu. Tendemos a nos sentir mais confortáveis quando trabalhamos com pessoas cujas características são análogas às nossas. Porém, é muito mais produtivo para a empresa ter pessoas com diferentes perfis, que sejam complementares. Por outro lado, todas elas devem ter valores morais semelhantes, em consonância com os valores da empresa; caso contrário, o trabalho tornar-se-á totalmente improdutivo.

Evite oferecer baixos salários e criar situações de dependência muito forte entre funcionário/empresa; por isso, não contrate pessoas extremamente submissas. Se um funcionário desse tipo perde o emprego, acha que morrerá ou que seu mundo vai desmoronar; se percebe que você está cometendo um erro, não dá opinião, não avisa ou o faz de forma tão sutil e apática que você nem nota, criando muitas vezes uma situação que poderia facilmente ser evitada apenas pelo medo de contrariar o chefe. Contrate qualificação e poder de contribuição — até mesmo um pouco de impertinência é importante e produtivo!

A relação de dependência, aliada a um baixo salário e ao sentimento de incapacidade de se reposicionar no mercado de trabalho, cria um vínculo muito ruim. A pessoa projeta sobre a empresa suas mazelas e seus problemas pessoais, criando a falsa idéia de que está fazendo um favor para a empresa. Ao mesmo tempo, sente-se acuada a se expor, discutir sua condição, questionar os porquês de certas atitudes da chefia; acha que pode perder o emprego e que vai morrer de fome se isso acontecer. Finge que trabalha, pois considera que a empresa finge que paga, ou trabalha muito, como um carregador de pedras, agindo muito mais com os braços que com a cabeça. No fundinho, acha que é paga para "trabalhar", e não para pensar.

Outra situação a ser evitada é o pessimismo: pessoas pessimistas jogam toda a equipe para baixo e criam um clima pesado de desânimo. Elimine de forma implacável qualquer "espírito agourento": aquele que não soma, só subtrai; não concentra, só dilui... Esse indivíduo será incapaz de internalizar a filosofia do novo e poderá ser responsável pelo insucesso da equipe. Mantenha os melhores funcionários, aqueles que querem fazer e acontecer, querem ver todo mundo brilhando e que tenham competências e perfis complementares.

Então, não se sinta culpado em demitir uma pessoa quando notar que ela está te puxando para trás. É evidente que sempre devemos tentar recuperar o indivíduo e alinhá-lo com a equipe, mas não podemos ser muito lentos em tomar decisões difíceis. Afinal, ao demitir alguém, você abrirá uma oportunidade para outras pessoas que realmente são capazes e que estão no mercado em busca de uma colocação. Além disso, estará preservando a sua empresa e o emprego de todos aqueles que estão a seu lado brigando com você. Não dê tempo para que a pessoa que *realmente* não se enquadra (e não quer se enquadrar) estrague seu trabalho, pois uma simples ação dela pode destruir um trabalho árduo de longa data.

Certa vez, em uma palestra, um importante escritor disse: "Na dúvida sobre a eficiência de um funcionário, demita-o!". Numa primeira análise esse conselho pode causar indignação, mas após uma avaliação mais profunda, somos obrigados a admitir que o autor tem lá sua razão. Se temos uma postura isenta e ainda estamos em dúvida, é porque a pessoa já deu provas suficientes para questionarmos sua competência, ou não conseguiu nos provar que a possui para aquela função. Nesses casos, devemos no mínimo observá-la com mais atenção e, dependendo da situação, considerar a possibilidade de uma recolocação dentro da empresa ou, em casos mais extremos, uma demissão.

Muitas vezes, por conveniência, preguiça de recrutar, selecionar ou treinar, somos complacentes com pessoas e atitudes que contrariam nossa filosofia de trabalho; insistimos, assim, em manter equipes fracas ou pouco eficientes. Devemos superar esse conformismo e buscar sempre os melhores. Não seja medíocre e não compactue com medíocres!

Frases como "Ninguém nesta cidade presta!", "As pessoas desse nível são assim mesmo!", "Não adianta, essa gentinha é tudo igual!" e "Não tenho como insistir, pois peão é a imagem do cão!" são típicas de empresários ou chefes despreocupados, sem energia e conformados. Na realidade, são atitudes que ajudam a falir uma empresa. Obviamente, você não precisa ser um tirano ou chefe impiedoso, mas deve ser firme e duro para proteger sua empresa e o emprego daqueles que dependem de você.

Certa vez, contratei uma secretária/divulgadora muito prestativa e solícita, mas que estava sempre triste, de cabeça baixa, amargurada com a vida. Todo dia ela se olhava no espelho e destacava sua feiúra. Usava a religião para confirmar sua teoria de que não tinha mais jeito e de que estava fadada ao fracasso. Olhava para o namorado da amiga e sempre falava: "Você é que tem sorte! Eu vou morrer sozinha". Demorava para entregar os relatórios pedidos e errava nos dados de preenchimento.

Tolerei durante quase um ano seu baixo-astral, suas falhas constantes e sua baixa produtividade. Agi assim por pura preguiça de fazer um processo seletivo para captar outra secretária, por medo de colocar uma pessoa nova e também por pena dessa figura.

Resultado: em uma bela manhã ela pediu demissão e eu tive que me virar desesperadamente para substituí-la. Corri e contratei uma pessoa eficiente, compatível com minhas necessidades. Com o tempo, comecei a descobrir que meus índices de perda estavam monstruosos, porque os alunos faltosos não eram contatados e os formulários eram preenchidos incorretamente. Vários alunos haviam se evadido, pois os recibos eram feitos de forma inadequada e as datas de depósito de cheques também continham erros.

As divulgações eram feitas de uma forma tão murcha que os possíveis alunos comentavam que o curso deveria ser "um porre", porque aquela pessoa era muito depressiva. As ligações telefônicas pedidas eram feitas apenas uma vez e, se a pessoa não estivesse, ela não insistia.

Como minha empresa era muito pequena e ainda estava se firmando no mercado, tive de investir um dinheiro e um tempo que não tinha para reverter essa situação e minimizar os efeitos que essa única funcionária causou.

Avalie constantemente os seus colaboradores, informando seus pontos fortes e fracos; crie oportunidades de realinhamento de atitudes e aproveite de forma criativa as ocasiões de erro para extrair ensinamentos que ajudem no crescimento profissional deles.

Falamos de atitude, mas o que é *atitude*? Será que é apenas uma palavra de efeito usada pelo pessoal que gosta de *rap* ou pelos marqueteiros de plantão quando querem influenciar os jovens?

Podemos dizer que a atitude é a forma (positiva ou negativa) de as pessoas reagirem a determinadas situações, objetos ou outras pessoas. Ela não nasce com o indivíduo: é aprendida ao longo de sua existência, variando em cada caso. A atitude tem três componentes: o pensamento ou crença; o sentimento; a ação. Desses componentes, apenas o terceiro pode ser claramente observado, enquanto os dois primeiros apenas são inferidos.

Não podemos confundir a atitude com um determinado comportamento pontual, gerado por uma pressão (interna ou externa) ou por uma situação momentânea. Porém, quando conhecemos a atitude de alguém para com determinadas situações, objetos ou pessoas, podemos, com um boa margem de certeza, estimar o seu comportamento. Para isso, temos que observar atentamente o indivíduo, pois a partir do momento em que a pressão ou necessidade muda, o comportamento vai tender a mudar e adquirir relação com sua atitude geral.

Um bom exemplo é a relação entre um certo rapaz e sua sogra. Ele a detesta desde a primeira vez que falaram ao telefone, mas quando ele namorava sua esposa e ela perguntava a ele se gostava da "dona Jararaca", ele dizia que a considerava uma senhora extremamente agradável. Mas (1) o pensamento era de querer matar a velha; (2) o sentimento era de ódio profundo; (3) a ação era positiva, pois ele estava muito apaixonado e não queria desagradar a namorada. Com o passar do tempo, a pressão de começo de namoro passou, e a atitude real do rapaz aflorou: ele já tem, em sua ficha na polícia, dez tentativas de matar a velha — a última foi enfiar um quilo de açúcar na garganta da infeliz, que é diabética.

Quando uma empresa se propõe a investir no óbvio (que é o cliente), deve ter colaboradores que se considerem responsáveis pela empresa, amem o que fazem e tenham autonomia, conhecimento e ação para resolver os problemas que venham a surgir.

Os relacionamentos precisam ser claros e as pessoas precisam se sentir seguras para ser honestas e, às vezes, duras em suas críticas, desde que essas críticas sejam fundamentadas e construtivas sem serem ofensivas ou grosseiras. Afinal, as pessoas precisam ser respeitadas!

Segue abaixo uma parábola que, apesar de um pouco exagerada, nos mostra como podemos dar notícias ruins sem magoar as pessoas e atingindo o objetivo necessário.

Certo dia, um sultão acordou muito nervoso, pois havia tido um pesadelo horrível — sonhara que perdera todos os seus dentes. A cada dente que caía ele chorava muito e cada vez o choro ficava mais triste. Ele não agüentava mais a angústia e chamou o adivinho do palácio para lhe dizer o que o sonho significava, e o adivinho falou:

— Meu sultão, terríveis palavras vou proferir, mas é a verdade e tenho que lhe dizer. O senhor será muito infeliz, pois todos os seus parentes morrerão, filhos, filhas, esposas e sua adorável mãe.

O sultão ficou irado e disse:

— Como ousas, miserável, falar tais mentiras?! Guardas, arrastem este enganador, batam cem vezes nele e arranquem-lhe a língua para que pare de falar tolices!

Mas a dúvida e o medo do sultão cada vez aumentavam mais. Sendo assim, mandou chamar outro adivinho, que falou:

— Meu sultão, tenho maravilhosas palavras a proferir. O senhor terá longevidade e será aquele dentre os membros de sua família que mais tempo nos honrará com imensa sabedoria e justiça.

O sultão abriu um sorriso imenso e disse:

— Adivinho, ganharás cem moedas de ouro pela feliz notícia que me deu. A longevidade de um homem deve ser comemorada!

Seja vibrante com a equipe, comemore efusivamente as vitórias alcançadas, fique feliz, fique triste, seja um ser humano e viva suas emoções. Respeite seus funcionários, dê crédito e acredite na maturidade deles. Será que as pessoas que carregam a responsabilidade de atender a um cliente, sustentando o nome da sua empresa ou executando tarefas que são importantes, necessitam:

- Ter o seu horário de trabalho diariamente controlado?
- Ter regras muito rígidas e autoritárias?
- Se comprometer apenas com tarefas específicas?
- Ser lembradas sobre suas responsabilidades?

Se as pessoas envolvidas precisam de supervisão em pontos básicos de comportamento, como os citados, então algo está errado e merece ser revisto de forma rápida e séria. Ou você ou os membros de sua equipe devem mudar! De qualquer modo, elimine controles vinculados a pensamentos de falta de confiança: os seus colaboradores devem ser valorizados e devem corresponder a essa valorização.

Se realmente desconfiar de alguém, de modo fundamentado, avalie bem a situação e, se for o caso, demita! Não crie dispositivos de controle que não agreguem nada ao negócio.

Evite detalhar muito a metodologia a ser aplicada para o alcance de metas. Defina apenas os parâmetros a serem seguidos, os prazos (levando-se em conta a capacidade criativa individual do colaborador) e permita que o funcionário pense, se desenvolva, crie o seu próprio caminho para resolver os problemas, recorrendo a você apenas quando necessitar de uma orientação pontual ou de uma opinião. Isso aumentará o seu envolvimento com a solução e eliminará todas as desculpas possíveis para os desvios, além de liberar você para pensar em desenvolvimento e crescimento.

A coisa mais injusta que existe é tratar todo mundo igual. Dê prêmios, salários diferenciados, elogios sinceros, bônus ou qualquer outro incentivo para que seu funcionário se sinta recompensado e não pense em debandar de suas fileiras para as do adversário. Porém, não esqueça que uma parte da premiação deve considerar o esforço para com a equipe: não adianta termos um time de estrelas que brilham muito, mas apenas individualmente!

Invista naqueles que apresentam potencial para ser um talento futuro e atraia talentos novos a cada contratação. Uma das principais características das empresas que estão e permanecerão em destaque é a capacidade de atrair, desenvolver e manter esses talentos.

Estava passando as férias no interior do país. Tinha viajado o dia inteiro, apreciando a paisagem que era linda. Cheguei então a uma cidadezinha onde passaria a noite. Estava morrendo de fome! Entramos em um restaurante e fomos recebidos por uma moça muito bonita, que estava com um sorriso maravilhoso no rosto e que me transmitiu uma energia ótima logo de cara. A moça puxou papo, foi agradável, solícita e, em poucos minutos, era como se fosse minha amiga de infância!

Com o canto do olho, percebi que a dona do restaurante estava lá e pensei com meus botões: "Esperta... tá fazendo esta encenação só porque a dona está perto. Tudo bem, é uma grande atriz...".

No dia seguinte, fui jantar no restaurante novamente. Logo fiquei espantado, pois a garota conseguiu nos dar um sorriso ainda maior, a atenção foi em dobro — o detalhe é que o restaurante estava lotado.

Conversei novamente com meus botões: "Essa danada tá encenando novamente...". Perguntei pela dona do restaurante e ela não estava. A menina estava sozinha, coordenando o trabalho das colegas. Fiquei bem curioso e puxei uma prosa... ela me deu uma lição, dizendo:

— Moço, detesto entrar em um lugar e não ser recebida com um sorriso no rosto, então não recebo ninguém sem sorriso!

Depois, conversando com outras pessoas — em cidade pequena todo mundo conhece todo mundo! —, percebi que todos adoravam o tratamento que essa garçonete dava aos clientes, com a dona presente ou não. Dava para ver que ela gostava mesmo do que fazia e estava feliz com o ambiente onde trabalhava!

Mas nem tudo são flores... vejamos um exemplo oposto:

Perto da minha casa há uma loja de produtos naturais. Certa vez entrei e vi o dono tratando os clientes de uma forma muito próxima e íntima, se preocupando com todos os detalhes, anotando o que estava faltando, ofertando produtos substitutos, chamando a todos pelo nome, facilitando, ajudando... fiquei encantado e pensei: "Esse cara é um exemplo a ser seguido!". Passaram-se os meses e a loja dobrou de tamanho. Quando eu vi, vibrei! Nada tão gostoso como ver um trabalho bem-feito ser recompensado!

Outro dia, minha esposa estava precisando comprar alguns produtos dessa loja e dirigiu-se para lá. O horário de abertura da loja era às nove. Minha esposa chegou dez minutos antes e viu que todos os funcionários estavam na loja conversando, passando maquiagem e passando o tempo enquanto não chegava o horário. Como ela estava com pressa, bateu na porta para tentar ser atendida. Uma moça abriu com muita má vontade a porta e lhe disse que só atenderia às nove e bateu com a porta na cara dela.

Ótimo! Nesse dia minha esposa estava de bom humor, contou até 3581 e pensou: "Faltam apenas dez minutos, vou esperar! Depois de 15 minutos, a paciência dela (e de outros três clientes que se aglomeravam na porta) acabou e ela, não tão pacientemente assim, chamou outra funcionária. Com uma cara de poucos amigos, esta abriu a porta, falou que só atenderia às nove e que voltassem depois, se quisessem. Minha querida esposa mostrou o relógio a ela, que retrucou que o relógio que valia era o da parede da loja, mesmo que ele estivesse errado. Bateu novamente a porta e foi-se embora.

Minha esposa considerou o assunto como pessoal e quis acompanhar para ver até onde ia... Quando o maldito relógio da parede marcava 9h05, uma terceira funcionária abriu a loja. Nessa altura do campeonato, pelo menos cinco clientes já tinham ido embora, nada satisfeitos. O tratamento foi péssimo, ninguém ajudava e, se possível, atrapalhava...

Quando ela me contou eu não acreditei. O que tinha acontecido? Fui à loja para ver o que estava acontecendo e reparei que o serviço estava realmente péssimo... um descaso completo com os clientes!

Mas no dia seguinte voltei à loja, e parecia outra coisa: toda aquela forma primorosa de atendimento estava de volta... O que tinha acontecido? Observei direitinho e constatei que os rompantes de simpatia e bom atendimento só aconteciam quando o dono da loja estava presente. Absolutamente tudo estava centrado nele e as pessoas estavam naquele momento sendo atrizes e atores. O pior de tudo: o público deles era o dono da loja, e não o cliente!

Agora as questões:

Podemos nos questionar: como esse empresário vai conseguir expandir seu negócio se a própria equipe o está sabotando? Quantos clientes ou vendas ele já perdeu pela atitude, não dos funcionários, mas dele próprio, por não ter uma equipe com uma postura adequada na presença e na ausência do dono? Será que não se trata de contratações malfeitas pelo dono? Será que não é uma postura incorreta por parte dele? Todos os questionamentos giram em torno da figura do dono, que é de fato a raiz do problema, seja ele qual for!

E por falar em equipe... será que realmente temos uma equipe trabalhando conosco?

O trabalho em equipe pode ser considerado um dos mais complexos obstáculos a serem superados pelas empresas. Quando questionadas sobre esse assunto, as pessoas costumam falar sobre ajuda, cooperação, sinergia, união, objetivos e metas do grupo. No entanto, não conseguem sequer identificar as características necessárias para se ter uma equipe, não possuem internalizadas a sensação de fazer parte de um todo e a noção de que não adianta cumprir objetivos individuais se as metas do grupo forem negligenciadas. A um primeiro sinal de barreira, quando temos problemas, as belas palavras são esquecidas ou utilizadas em outro sentido.

Unir pessoas com formações, padrões, ambições, medos e comportamentos diferentes, em uma mesma direção e com paixão, é uma arte que se inicia na escolha de pessoas com características adequadas ou que possam ser trabalhadas para participar da equipe. O amadurecimento do grupo e o aprendizado do trabalho em conjunto ocorrem a todo momento e em todas as direções. À medida que os indivíduos interagem entre si e se conhecem melhor, os padrões de pensamento, os comportamentos e as limitações passam a ficar mais evidentes, e seus motivos ficam mais facilmente perceptíveis a todos. Isso permite ao líder direcionar os trabalhos corretamente, como um conselheiro, um catalisador, além de permitir a identificação de desvios de indivíduos para com o grupo e seu posterior realinhamento.

Existem diversas formas de denominação para o trabalho desenvolvido por um conjunto de indivíduos. Essas formas se diferenciam segundo o grau de união, coesão e performance final do trabalho. Nesse sentido, podemos diferenciar os grupos das equipes.

O que é um grupo?

É um conjunto de indivíduos que se reúnem em torno de um objetivo comum, com *envolvimento* (interação) de todos. Os trabalhos individuais são reunidos, gerando um bem ou serviço, e em geral as responsabilidades dos indivíduos terminam exatamente no momento em que entregam a tarefa que lhes é delegada ou quando surge um obstáculo desconhecido ou que tenha o poder de gerar conseqüências danosas.

No departamento X de uma determinada empresa, havia uma pessoa que sempre dizia: "Vocês sabem que podem contar comigo para o que for necessário, estamos aqui para agregar, atender ao cliente e dividir responsabilidades". Ela executava seu trabalho, entregava as tarefas que lhe eram solicitadas, tinha um discurso lindo, porém, toda vez que surgia um problema e o grupo necessitava de alguma ação que gerasse responsabilidade, a pessoa discutia o assunto, dava sua opinião, mas não se comprometia com nada, adotando uma postura bem política. Na hora de registrar a ação a ser tomada, se esquivava, dava uma desculpa, saía da sala e informava que não possuía conhecimento técnico para resolver o assunto; nunca assinava sozinha um documento que pudesse gerar algum conflito. Já aqueles documentos que não geravam atrito, ela assinava sozinha, dava instruções para os funcionários e fazia questão de mostrar a todos o que tinha feito.

Esse tipo de comportamento é típico do trabalho em grupo, onde existe uma lógica, um encadeamento, uma preocupação, mas não existe a paixão, a vontade de assumir parte do todo e a confiança de que todos acreditarão que um erro é conseqüência de uma tentativa de acerto e que a posição defensiva retarda o desenvolvimento do serviço. O indivíduo não se percebe como parte de um organismo e existe uma dicotomia entre o discurso do indivíduo e o discurso do grupo.

O que é uma equipe?

É um grupo amadurecido, motivado para uma tarefa comum, formado por pessoas solidárias, que trocam experiências e métodos de trabalho, e que confiam umas nas outras, não só nos aspectos técnicos da profissão, como nas posturas pessoais de cada elemento, e que, muitas vezes, não têm restrições em estender as relações formais para ambientes informais. Os componentes são unidos, coesos e comprometidos com os objetivos e metas propostas, apresentam certas afinidades ou laços sentimentais, se comunicam de forma franca e aberta. Por isso, os conflitos são resolvidos de forma rápida e positiva, sem rancores ou ressentimentos, e os trabalhos são desenvolvidos com paixão. São sempre desenvolvidas atitudes proativas, e as ações reativas são sempre evitadas.

Dentre os benefícios de trabalhar em equipe, podemos destacar:

- Melhoria da comunicação: aumentando a velocidade do fluxo de informações, elimina-se a ocorrência de boatos ou a distorção de informações de forma proposital.
- Transformação da competição interna em algo benéfico para a empresa: elimina-se o desperdício de energia e tempo em disputas pessoais, ações destinadas a demonstrar a superioridade individual ou a apontar falhas de outros elementos da equipe.
- Aumento da sinergia entre os colaboradores.
- Potencialização dos indivíduos, que agregam o prazer às suas tarefas individuais.
- Comprometimento maior com os resultados, pois todos os indivíduos são co-autores e responsáveis pelo seu cumprimento.

É importante ressaltar que, à medida que a interação aumenta, é natural o surgimento de líderes informais com grande influência sobre a equipe. A exigência de informações e os questionamentos do grupo também aumentam, mas, na maioria dos casos, isso ocorre de forma extremamente sadia. A formação de uma equipe e a potencialização dos indivíduos constituem um caminho sem volta, que em alguns casos não é compatível com a cultura da empresa ou dos elementos da administração. As pessoas evoluem, têm liberdade de questionar e de querer seu espaço.

Dentre os aspectos a serem considerados para se obter êxito no trabalho em equipe, os mais importantes são:

- *O ambiente*: representa a forma que a empresa opera, suas estratégias, sua forma de ser gerenciada, sua disponibilidade de recursos materiais e as pressões psicológicas envolvidas na rotina da empresa.
- *O grupo*: experiência, tamanho, faixa etária, homogeneidade ou heterogeneidade das personalidades e capacidade dos integrantes do grupo são fatores que merecem atenção.

- *Os indivíduos*: com suas características próprias, influenciam o grupo e recebem influências dele.
- *As relações humanas*: têm uma relevância destacada, pois intensificam e norteiam a qualidade das trocas entre os indivíduos e o grupo. Quando positivas, geram o amadurecimento de todos os membros, provocando o desejo de alta performance — o grupo transforma-se em equipe.

Sendo uma equipe composta por indivíduos, é evidente que o êxito no atendimento de seus objetivos e metas depende sobremaneira das atitudes de cada um perante o outro, perante a equipe e perante os desafios que se apresentam. Essa atitude individual se reflete na atitude da equipe e é muito influenciada pelos vínculos entre os elementos, principalmente em aspectos não ligados a situações profissionais. As pessoas sempre tendem a ser mais compreensivas, disponíveis, solidárias, menos competitivas e se esforçam mais se possuírem um determinado laço de amizade, sem no entanto deixar de lado o profissionalismo e a lealdade para com a empresa, os clientes e o foco na elevada performance.

Por isso, é interessante incentivar a coexistência dos membros em grupos informais e estimulá-los a participar de situações que facilitem a criação de vínculos sinceros entre todos: saídas, atividades recreativas, reuniões com familiares, dentre outras. Essa visão, no entanto, pode não ser compartilhada por todos; algumas pessoas podem considerar que o ambiente de trabalho deve ser completamente separado dos ambientes pessoal e individual, principalmente para se ter isenção na hora de uma decisão mais dura.

O sucesso da interação e do trabalho em equipe está intimamente ligado a três aspectos pessoais e um aspecto profissional, trabalhados geralmente com alguma dificuldade. Os três primeiros são interdependentes e devem ser avaliados logo no ingresso dos indivíduos ou quando se define a formação de um grupo, que evoluirá para ser uma equipe. O último aspecto, por sua vez, dependerá do tempo de adaptação e da disponibilidade da equipe para dar suporte ao indivíduo. Esses aspectos são:

- A personalidade de cada um dos elementos, ou seja, o sistema de lentes de percepção que cada um deles utiliza para conhecer o outro e que o grupo utiliza para enxergar o indivíduo.
- A orientação e o desejo de obter alta performance dos indivíduos, e conseqüentemente da equipe.
- Os valores éticos.
- A capacidade técnica do indivíduo.

É importante que a empresa sempre tire "fotografias" e "raios X" da equipe, procurando saber como ela percebe cada indivíduo e como cada indivíduo percebe a equipe. Dessa forma, você poderá ter uma noção dos graus de homogeneidade e interação, além de descobrir problemas, pontos fracos ou desvios a serem trabalhados.

O desempenho da equipe deve ser avaliado tanto integral como individualmente. Os resultados individuais devem ser incentivados, mas nunca em detrimento do sucesso da equipe. É interessante, então, implementar programas de remuneração e promoção baseados no desempenho individual, desde que vinculados ao desempenho global da escola.

No trabalho em equipe, não há lugar para resultados individuais brilhantes; por isso, devemos analisar esses casos com cuidado. Quando temos pessoas que se destacam muito (e isso fica bem claro em alguns pontos específicos, como captação de alunos), devemos dedicar atenção redobrada, pois a imagem da empresa pode estar sendo comprometida por interesses individuais. Pode ser, por exemplo, que um indivíduo com muito êxito pessoal não esteja compartilhando técnicas e informações com os outros membros da equipe, não esteja sendo ético ou esteja tomando ações que levam a bons resultados em curto prazo, mas que podem ser danosos e comprometer futuramente a imagem e a sobrevivência da empresa.

Não raro ouvimos declarações como as que seguem:

- "Eu ponho para dentro da escola e o coordenador que segure..."

- “A minha parte foi feita, agora o problema é seu.”
- “Se vire!”
- “Minha função não é essa.”
- “Eu não sou pago para fazer esse tipo de serviço!”
- “Está querendo enriquecer mais ainda o dono da escola?!”
- “Só estou aqui porque preciso pagar as contas no fim do mês...”

Comportamentos como esses devem ser totalmente banidos e tratados como crime! Indivíduos com pensamentos dessa espécie podem trazer grandes problemas para a empresa. Se, por exemplo, uma divulgação é feita sem responsabilidade, propiciaremos o surgimento de um “momento trágico” desagradável, que ficará na memória do cliente e será prazerosamente espalhado para familiares, amigos, inimigos etc. Estes, por sua vez, influenciados pelo cliente que teve uma experiência ruim com a empresa, criarão uma memória negativa para com a marca e também comentarão o ocorrido com seus familiares, amigos, inimigos... numa reação em cadeia que poderá se tornar extremamente danosa para a instituição.

Dentro de uma equipe, não existe espaço para um organograma com funções rigidamente definidas, onde as pessoas desempenham apenas uma tarefa. Será que um modelo rígido é aquele em que nossos recursos humanos são mais bem utilizados? Será que uma secretária não pode desempenhar o papel de divulgadora ou vice-versa? Será que um professor não é capaz de explicar como o curso funciona? Será que possuir uma equipe totalmente integrada ao serviço, que pode ser deslocada para diferentes postos em função de uma necessidade momentânea, não agilizará o serviço, deixando o cliente mais satisfeito?

Mantenha sua equipe muito bem informada sobre a situação da empresa; comunique-a sobre os rumos que serão tomados, as estratégias a serem aplicadas e as metas que deverão ser alcançadas. Faça reuniões periódicas para esclarecimentos, com a finalidade de divulgar o andamento do trabalho de cada um e permitir que os outros ajudem e dividam suas opiniões.

Dentro das equipes, a função do líder formal é muito importante. Ele deverá esclarecer, facilitar e incentivar os outros integrantes, mas não poderá tornar-se responsável direto ou executante. O líder sempre deverá questionar a equipe, instigando-a a revelar seu potencial, com metas desafiadoras mas exeqüíveis.

A estruturação do negócio com base no relacionamento com o cliente

Muito simples: é só fazer tudo ao mesmo tempo e agora!

Isso mesmo! Conquistar um cliente, ser importante para ele, criar e manter um relacionamento elevado, em nível de parceria (até que o cliente se torne um ferrenho defensor de sua empresa e não sentir o desejo ou necessidade de procurar a concorrência), significa fazer milhões de coisas ao mesmo tempo e sempre dar toda a importância do mundo para os detalhes e para o todo! Brincadeiras à parte, essa é uma árdua tarefa que não pode, em hipótese alguma, ser feita por apenas uma pessoa. Esse trabalho é de toda uma equipe!

Almocei em um restaurante situado em um *shopping center* próximo a minha casa. O restaurante tinha sido inaugurado havia pouco tempo, e era belíssimo! Decoração luxuosa, iluminação perfeita, muito espaço, garçons extremamente bem treinados... Não posso dizer que a comida estava maravilhosa, mas era "honesta". A reposição (tratava-se de um bufê) era um pouco lenta — problema administrável que não me afastaria eternamente do lugar, mas que me desencorajava a recomendar o estabelecimento às pessoas. De qualquer modo, como ele fica bem próximo a minha casa, era uma opção interessante para um dia de pressa.

Quando fui pagar a conta, havia dois caixas. Um estava ocupado, então me dirigi ao outro. A supervisora estava resolvendo um problema e ignorou completamente a minha presença; estava dando toda a atenção do mundo para o assunto que estava sendo resolvido num dos caixas, e simplesmente fingiu que eu não existia, até que a atendente, que estava resolvendo o assunto com ela, ficou um pouco constrangida e pediu que eu me dirigisse ao outro caixa, que acabara de ficar vazio. Exatamente naquele instante, a mesma supervisora pediu para que a outra caixa fizesse o mesmo procedimento burocrático da primeira — ou seja, ela estava pouco se importando em me atender. Estava totalmente focada em cumprir seu procedimento administrativo.

Sinceramente, me senti como se estivesse atrapalhando ao tentar pagar, e acho que qualquer cliente se sentiria menosprezado nessa situação. Para mim, ficou muito claro que a empresa não se voltava para a prestação de serviço, ou seja, não colocava o foco no cliente e sim na rotina interna. Nesse instante, o restaurante deixou de ser uma opção e foi cortado da minha lista.

Embora o exemplo não seja da área de ensino, podemos extrapolar a situação para nosso dia-a-dia com muita facilidade. Vamos agora conversar sobre alguns, apenas alguns pontos que podem ajudar a sua empresa na busca da sobrevivência e do lucro baseado no relacionamento. Precisamos focar a empresa no cliente e não em procedimentos internos, que, embora sejam muito importantes na estruturação do trabalho da empresa, precisam ser flexíveis, e não rígidos a ponto de atrapalhar, de engessar o negócio.

Daremos, então, apenas um pequeno pontapé, com algumas idéias para que você dê continuidade a seu trabalho. Lembre-se de que não há verdades absolutas. Portanto, todas as sugestões, idéias e comentários devem ser avaliados dentro da realidade de sua empresa.

Vejamos os seguintes casos:

Caso 1

Empresa criada há alguns anos com a finalidade de prestar serviços na área de ensino de idiomas. Não legalizada, tem como carro-chefe um idioma dominado pelo dono, que é professor há muitos anos. Ele morou no exterior, aprendeu inglês através do uso no cotidiano e foca suas atividades em um público não muito definido. Está desvinculado das instituições tradicionais e já pensou várias vezes em procurar alguma rede de escolas que trabalhe na forma de franquia, pois está com sua estrutura um pouco engessada e possui apenas uma pequena escola, com um faturamento um tanto baixo. A empresa se divide nos seguintes setores:

Captação: cuida da entrada de novos alunos e da divulgação da empresa.

Secretaria: cuida do recebimento de pagamentos e das rotinas administrativas.

Pedagógico: cuida do processo de aprendizagem.

Os setores contam com um grupo muito pequeno de pessoas, totalmente inexperientes em administração de empresas.

Como uma empresa assim se mantém viva e com relativo sucesso?

Caso 2

Franquia renomada em todo o país, totalmente legalizada e com matriz localizada em prédio próprio em área nobre. Com várias filiais, possui um bom número de funcionários, capital disponível em caixa, estruturas administrativa e pedagógica relativamente rígidas e consolidadas.

Como uma empresa nestas condições entra em processo de falência?

Podemos considerar que os dois processos (de sucesso relativo no primeiro caso e de fracasso no segundo) são conseqüências do fator *pessoa*. Esse é o fator mais importante, capaz de destruir ou sustentar uma empresa. Vamos analisar as hipóteses abaixo:

No primeiro caso, o dono tem acesso a informações e cria laços, até mesmo afetivos, com os clientes, chamando-os pelo nome. Gosta do que faz, reconhece os seus erros e aprende com eles. Os funcionários são amigos, mantendo uma relação pessoal e profissional. Todos tentam sempre acertar e progredir. No segundo caso, o dono fica distante, os clientes são apenas indivíduos que entram ou que saem, e os funcionários representam apenas despesas no caixa da instituição.

Partimos do seguinte princípio: para uma empresa existir, deve haver um trabalho prévio de análise de mercado e a construção de um plano de negócio sério e bem feito; assim é criada a visão do negócio. A missão da empresa deve ficar clara e os valores organizacionais bem definidos, entendidos por todos. O mercado-alvo é definido, seu potencial levantado e a concorrência estudada. Seu modo e área de operação, seus preços, metodologias, forças e fraquezas são detalhadamente estudados. A estratégia do negócio é planejada considerando potenciais entrantes, riscos externos, modificações de conjuntura econômica, a força de fornecedores e de clientes.

Em resumo: é preciso que o negócio seja criado com consciência, e não a partir de um surto psicótico de desejar trabalhar por conta própria, nem pela idéia infeliz de que todo mundo que tem uma empresa é rico sem fazer nada. Contudo, se tais estudos, levantamentos e análises não foram feitos, sempre existe a possibilidade de fazê-los! Um exercício desse tipo permite repensar o negócio existente e revisar o seu rumo, ver onde estão as falhas e corrigi-las, identificar potencialidades e fazê-las gerar dinheiro. Porém, se você ficar deitado em berço esplêndido, parado, olhando para o teto, seu concorrente vai fazer o dever de casa e contribuir muito para fechar seu negócio antes que você acorde!

Esse exercício permite também que você tenha consciência de onde estava, onde está e onde pode chegar. Mostra, ainda, o caminho que tem de percorrer para chegar lá. São necessários muita perseverança e muito trabalho para alcançar o sucesso empresarial. A concorrência é dura, as variáveis são muitas, mas sempre que um trabalho árduo é feito com consciência e dedicação, os resultados são alcançados.

Quebre, destrua, elimine, desintegre os seus paradigmas

O paradigma se apresenta como um pesado véu que nos impede de enxergar soluções e situações simples, práticas, baratas e óbvias que contradizem o que estamos acostumados a ver e a perceber. Já ouviu falar da experiência com o peixinho no aquário? Dizem que se você colocar um vidro no meio de um aquário e retirá-lo depois de algum tempo, o peixe não passará daquele limite. Não há mais nada impedindo sua passagem; ainda assim, ele permanece restrito ao mesmo espacinho, sem avançar. Outro exemplo é a invenção do relógio com a tecnologia do quartzo. A invenção foi feita na Suíça, mas os suíços só reconheciam como modelo válido o relógio mecânico; com isso, deixaram que os japoneses dominassem a tecnologia do quartzo e despejassem milhões de relógios no mercado.

Aprenda a desaprender os seus conceitos antigos, retornar à escala inicial e reinventar a sua empresa e sua função, todos os dias! Afinal, as necessidades e anseios dos clientes são dinâmicos... e a concorrência mais ainda! Seja humilde o suficiente para admitir que seus conceitos podem estar obsoletos, e que mesmo o mais simples colaborador pode contribuir com idéias criativas e, às vezes, geniais. Desça do pedestal da sabedoria e da experiência (será que tudo realmente existe ou são idéias que sua cabeça está criando para você se defender de algum medo de mudança?!). Ultrapasse as barreiras humanas da mediocridade — aceite o novo! Seja questionador; investigue seus resultados, sejam eles bons ou ruins; procure os porquês; não fique satisfeito com meias-respostas!

Conheci certo dia um professor de inglês com uns 60 anos de idade, natural da Escócia e residindo no Brasil há mais de 30 anos. Era muito educado e bem vestido, apesar de estar um pouco fora de moda. Estávamos conversando sobre ensino e ele me disse:

— Não adianta que não mudo! O bom mesmo é usar este livro. Já uso há vinte anos, com excelentes resultados. O inglês sempre será inglês e nunca vai mudar.

E saiu para pegar chá.

Eu não parava de espirrar. A escola tinha muitos carpetes e artigos escoceses já mofados e descoloridos pelo tempo. Subitamente escuto um tac-tac-tac... Discretamente olhei pela fresta da porta e vi uma máquina de escrever mecânica sendo usada por uma moça, que estava com uma cara de ódio.

Fui pega em flagrante, com a boca aberta de surpresa ao ver uma peça de museu como aquela operando. Ele olhou novamente para mim e falou, em tom vitorioso:

— Não adianta que não mudo, o bom mesmo é usar máquina de escrever. Tenho esta há mais de 35 anos! Foi presente do meu pai e é uma maravilha. Já falei para a secretária que esse negócio de computador não quero nem ver na minha frente. Não serve para nada... Ela tenta me convencer, mas não consegue!

No fim da conversa ele deu o golpe final:

— É... não sei o que está acontecendo... perdi a maioria dos meus alunos para aquele curso novo lá da esquina, que é cheio de modernices e sem qualidade. Mas não tem problema, logo eles voltam... Aprendi a trabalhar desse jeito e não mudo. Mas vamos aos negócios... Você disse que gostaria de me dar alguma sugestão, não era?!

Corra riscos de forma consciente

Numa terra em guerra, havia um rei que causava espanto. Cada vez que fazia prisioneiros, não os matava: levava os a uma sala, que tinha um grupo de arqueiros de um canto e, do outro, uma imensa porta de ferro, na qual estavam gravadas figuras de caveiras cobertas por sangue. Nessa sala ele os fazia ficar em círculo e então dizia:

— Vocês podem escolher morrer flechados por meus arqueiros ou passarem por aquela porta e lá serem trancados.

Todos os que por ali passavam escolhiam ser mortos pelos

arqueiros. Ao término da guerra, um soldado que por muito tempo servira ao rei lhe perguntou:

— Senhor, posso lhe fazer uma pergunta?

— Diga, soldado.

— O que há por trás da assustadora porta?

— Vá e veja.

O soldado então abriu vagarosamente a porta e percebeu que, na medida em que o fazia, raios de sol adentravam e clareavam o ambiente, até notar que a porta levava a um caminho rumo à liberdade. O soldado, admirado, apenas olhou seu rei, que disse:

— Eu dava a eles a escolha, mas preferiram morrer a arriscar abrir esta porta.

Quantas portas deixamos de abrir pelo medo de arriscar? Quantas vezes perdemos a liberdade e morremos por dentro, apenas por sentirmos medo de abrir a porta de nossos sonhos?

Correr riscos é importante e faz parte de nosso dia-a-dia, mesmo que você não admita. Entretanto, devemos estar atentos a todos os aspectos envolvidos: correr riscos pelo simples prazer da adrenalina é loucura, tanto na vida pessoal quanto na empresarial. Precisamos saber quais são os limites de risco que estamos dispostos a nos submeter e definir o que queremos ganhar. Isso, é claro, sem perder de vista que cada vez mais somos obrigados a assumir riscos maiores para retornos menores, em função do turbilhão que se formou no mundo dos negócios contemporâneo.

O comportamento de risco é uma bagagem que carregamos desde os primórdios da humanidade. Antepassados nossos se atiravam ao desconhecido e obtinham grandes recompensas, com descobertas de novos alimentos, *status* na comunidade etc.; por outro lado, muitos fracassavam e morriam. Havia também o grupo avesso a aventuras, mais medroso e acanhado, que se limitava à condição segura de sempre, nascer, viver e morrer. (Isso não é uma crítica, pois sabemos que o risco tem um impacto diferente em cada um.)

Hoje em dia, a situação é um pouquinho diferente, e é impossível ficar em uma condição totalmente segura, pois ela não existe. Dentro dos negócios, ameaças surgem a todo momento:

- Nossos fornecedores podem nos sabotar.
- Nossos clientes podem nos abandonar.
- A conjuntura econômica ou fiscal pode mudar.
- A ação da concorrência pode levar nossos clientes embora.
- A entrada de novos produtos ou serviços pode mudar a dinâmica do negócio.
- Podemos ficar ultrapassados, obsoletos.
- Podemos ter algum imprevisto relacionado à justiça.
- Nossa marca pode ser atingida por algum problema.

O risco é uma constante, seja na manutenção dos negócios, seja no lançamento de um projeto ou idéia. No entanto, funciona como uma mola propulsora para que sempre procuremos nos desenvolver e ficar alertas, sob uma certa tensão produtiva e positiva. Toda vez que nos expomos a uma situação de risco, aprendendo algo que vai alterar nosso comportamento em um momento futuro, nos permitindo ficar mais fortes e mais capazes de reagir às adversidades. Então, o que temos de fazer é:

- Admitir a existência do risco (se reconhecermos que ele existe, nos tornaremos muito mais prudentes).
- Identificá-lo (se o conhecermos, tornar-se-á mais fácil combatê-lo).
- Avaliar seu potencial (dependendo do estrago que ele pode fazer, precisamos gastar mais recursos em prevenção ou deixá-lo de lado).

- Criar mecanismos de monitoração (precisamos saber se o risco está crescendo ou diminuindo para poder nos prevenir melhor ou gastar menos recursos na monitoração).
- Administrar os riscos, criando mecanismos/planos de ação para minimizar suas conseqüências (tenha o mundialmente famoso plano B; é também prudente ter os planos C, D, E, F...).

Lembre-se, no entanto, que o maior risco é não fazer nada, é ficar parado observando o mundo girar... aí, sim, correremos o risco de perder nosso negócio!

Ouça sempre — evite apenas escutar!

Você sabe que existe uma grande diferença entre escutar e ouvir?

Saber ouvir leva tempo, prática e paciência. Requer a capacidade de ficar quieto e deixar a outra pessoa falar pelo tempo necessário, mesmo quando naquele momento sua mente já esteja elaborando uma contra-argumentação. Ouvir bem significa ouvir com o corpo e o coração: sentir o que está sendo dito e interpretar os sinais dados. Quando nós realmente ouvimos, criamos uma conexão entre nós e o outro, uma ligação invisível que nos conecta e nos permite entrar profundamente na pessoa e entender melhor quem ela é e o que ela deseja. Dessa forma, conhecemos seu interior. Por isso o ato de ouvir é extremamente importante, tanto na comunicação com o cliente como na comunicação interna.

Na comunicação com o cliente externo já consolidado, ouvir é uma atitude necessária para reforçar os vínculos, levantar falhas e pontos fortes, criar estratégias eficazes e um ambiente acolhedor, confortável e agradável, que aumentará a sensação de importância e que será um fator de motivação quando esse cliente puder divulgar nossos serviços para amigos e familiares. Já com o cliente potencial, durante o ato da conquista e sedução para venda, devemos saber ouvir para identificar os sinais deixados por ele, utilizando-os como ganchos e enfatizando os pontos positivos de nossos serviços, sugestões de pacotes que atendam às suas necessidades e acalmá-lo quanto a possíveis preocupações ou restrições existentes. Além disso, devemos estar atentos às objeções, resistências e dúvidas quanto ao serviço proposto.

Ouça principalmente os seus colaboradores, e aprenda com as suas experiências. Eles estão na linha de frente da batalha e têm mais condições de captar os sentimentos e anseios dos clientes. Pratique ouvir o que dizem. Provoque conversas internas e, quando estiver conversando, foque na outra pessoa, no que ela tem a dizer, não em você mesmo. Não tenha preconceitos com linguajar, estilo de vida, classe social ou posição no organograma da empresa. Procure ouvir não só o que está sendo dito, mas também o que ficou nas entrelinhas. Sinta a conexão criada com a outra pessoa. Muitas vezes, informações importantes são omitidas por oprimirmos a pessoa com quem estamos falando, devido ao nosso cargo ou postura.

Tente entender a visão do seu pessoal da linha de frente sobre os clientes. Explore a percepção deles, pois eles são uma verdadeira base de dados viva, que pode apoiar as suas decisões. Mas cuidado: as informações e percepções mudam ao passar por cada nível da pirâmide da empresa, e a informação que chega à administração pode estar tão "poluída" com interferências, interpretações, avaliações e modificações tendenciosas que pode não servir para nada, ou mesmo atrapalhar na tomada de decisões.

Como você pôde perceber, tornar-se um melhor ouvinte não é uma tarefa simples e requer prática. Contudo, é algo compensador: você abrirá um novo e fascinante mundo de conhecimento e de oportunidades. Ouvir nos ajuda a entender melhor os outros e a nós mesmos. Reparou que somente aprendemos quando ouvimos? Quando falamos, por outro lado, no máximo confirmamos o que já sabemos.

Sua empresa deve possuir cem ouvidos e meia boca: antes de se pronunciar, procure sempre ouvir o cliente e perceber o que ele realmente deseja. Crie canais de comunicação formais como pesquisas, caixas de sugestões, SAC etc. Porém, não se esqueça de utilizar também os meios informais, como um bom cafezinho e um bom papo; neles, as pessoas tendem a ser mais sinceras, estão menos armadas e a conversa se desenrola de forma mais espontânea e agradável.

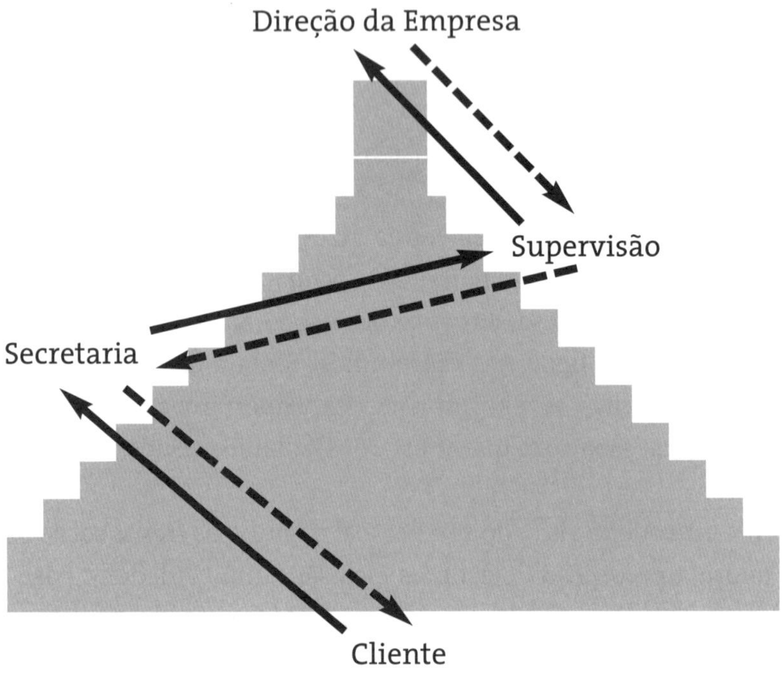

Caminho de comunicação

Seja criativo

Joy Paul Guilford (1897-1987) definiu criatividade como a capacidade de "encontrar respostas incomuns de associação longínqua" para solução de problemas. Em outras palavras, é o potencial de chegar a uma idéia original, abandonar os caminhos já trilhados e pensar de modo diferente, utilizando conhecimento de outras áreas que, em primeira análise, não têm correlação com o problema.

Albert Einstein havia ganho o Prêmio Nobel de Física e, em função da perseguição aos judeus na Alemanha, seu país de origem, mudou-se para os Estados Unidos, onde era famoso mas sua aparência era pouco conhecida.

Chegando ao novo lar, recebeu convites para proferir palestras em diversas universidades norte-americanas, os quais aceitou prontamente. Alugou um carro, contratou um motorista e iniciou sua longa jornada, que estava estimada em três meses.

Após dois meses de fantásticas palestras, o famoso físico seguia para uma pequena universidade do interior, demonstrando sinais de cansaço. Em determinado momento, pensou: "Daria tudo no mundo para poder descansar em vez de ministrar essa palestra".

Alguns instantes depois, o motorista, que já havia conquistado alguma intimidade com o célebre passageiro, comentou:

— Sr. Albert, faz dois meses que estou lhe acompanhando e cada vez mais me encanto com suas palestras. Presto tanta atenção que poderia até ministrar uma em seu lugar...

Prontamente Einstein mandou que o motorista parasse e perguntou:

— Você tem certeza do que está falando?

O motorista se assustou, mas reafirmou o dito. Nesse instante, o louco passageiro pulou para o banco do motorista, tomou-lhe o boné e falou:

— Nesta pequena cidade ninguém me conhece... hoje você será Albert Einstein e eu o motorista!

O motorista ficou perplexo e tentou retirar a idéia da cabeça do patrão, sem sucesso.

Ao chegar à universidade, o falso motorista saltou do carro e apresentou o Dr. Albert Einstein, ilustre palestrante. O que ele não sabia era que as pessoas da universidade haviam feito convênios com empresas e outras universidades, e haviam lotado um auditório com 5 mil pessoas.

O pobre motorista estava com muito medo, mas como não tinha outro jeito, passou a se comportar como um papagaio, repetindo a brilhante palestra que o seu patrão estava proferindo há dois meses ininterruptos. Saiu-se muito bem, foi ovacionado de pé por todos os presentes. Quando ia agradecer pela recepção e se despedir, foi interrompido por um grupo de engenheiros que estavam há seis meses tentando solucionar um grave erro em um projeto. Após tentar se evadir sem sucesso, o falso palestrante permitiu que esses senhores subissem ao palco e escrevessem no quadro a equação do problema.

Após alguns instantes suando frio e rezando em silêncio, o falso Albert Einstein disse:

— Senhores, eu considero isso uma afronta! Após a minha brilhante palestra, um questionamento tão primário como esse! Me recuso a responder tão simplória equação. E, para comprovar a simplicidade do raciocínio, vou chamar o meu motorista para lhes prestar uma consultoria...

Nesse momento, o "motorista" subiu ao palco e resolveu o problema sem maiores esforços.

Essa estória pode não ser verídica, mas reforça a idéia de uma outra definição de criatividade: "resolver problemas com os recursos disponíveis". Especialistas em criatividade definem as seguintes características como sendo típicas de pessoas criativas:

- *Fluência de idéias* — capacidade de gerar idéias ou associações para um novo conceito.

- *Pluralidade, flexibilidade* — capacidade de gerar idéias diferentes.
- *Originalidade* — capacidade de gerar idéias novas, fora do lugar-comum.
- *Elaboração* — capacidade de gerar uma idéia e transformá-la em uma solução concreta.
- *Sensibilidade para problemas* — capacidade de identificar uma tarefa como tal e as dificuldades a ela associadas.
- *Redefinição* — capacidade de analisar uma situação de ângulos diferentes.

A criatividade não é inata, privilégio de alguns poucos agraciados. Contudo, não há um pó-de-pirlimpimpim capaz de transformar todas as pessoas em gênios criativos que consigam tirar leite de pedra. De qualquer modo, podemos criar condições que facilitem e estimulem a utilização do potencial criativo de cada um, principalmente modificando a postura diante de algumas situações e modificando o meio externo ao indivíduo.

Para alcançar soluções criativas, antes de tudo, é necessário investir tempo na definição do problema real e vê-lo sob várias óticas. Exige-se, para isso, um elevado grau de conhecimento da matéria em questão e outras afins. No entanto, às vezes a solução brilhante surge pela associação do problema a outras áreas ou conhecimentos totalmente desconexos. O cérebro faz múltiplas ligações entre o que está diante dele e todo o seu conhecimento prévio armazenado. Disso, podemos deduzir que quanto maior for o leque de conhecimentos de uma pessoa (principalmente fora de sua área de atuação, associado a um extenso conhecimento sobre o assunto), maior será sua possibilidade de gerar associações diferentes e, conseqüentemente, sugerir boas idéias.

Segundo Kneller (1976), o processo criativo segue o seguinte fluxo:

Percepção – é o momento em que você adquire a noção de que existe "algo a fazer", ou seja, você formula o problema.

Preparação – é a fase de levantamento de dados e de todas as informações possíveis sobre o problema e suas prováveis soluções.

Incubação – é a fase em que você se "desliga" do problema, mas o cérebro, de forma inconsciente, continuar a fazer interações e análises sobre os dados recolhidos durante a preparação.

Iluminação – é o momento em que a solução surge de forma intuitiva e repentina; também chamado de "insight".

Verificação – é o momento final, em que você precisa exaustivamente testar sua idéia e comprovar se realmente atende da melhor forma possível ao problema formulado na fase da percepção.

Processo de criatividade

É interessante destacar que o excesso de conhecimento extremamente especializado, nesse caso, pode até mesmo ser um fator inibidor ao surgimento de uma nova solução para o problema. Parece paradoxal... e realmente é! É necessário que você esgote os conhecimentos sobre um determinado assunto sem se apegar muito a detalhes; depois, deixe tudo de lado, guardadinho em sua cabeça, para usar no processo de incubação. O risco que existe quando se prende a detalhes é criar barreiras (paradigmas) que impeçam o surgimento de idéias criativas.

É obvio que as interligações e mudanças de perspectivas geram uma quantidade imensa de idéias totalmente despropositadas; porém, quanto maior a quantidade de possibilidades que surgirem, maior a probabilidade de se ter uma idéia útil, relevante e eficaz. É possível, por exemplo, que uma idéia despropositada puxe uma linha de raciocínio que leve a uma solução brilhante.

Incentive a geração e o desenvolvimento de idéias úteis que agreguem valor a sua empresa ou serviço. Geralmente, perdemos tempo procurando os defeitos de uma nova idéia em vez de incentivar o seu amadurecimento ou a geração de alternativas. Uma nova idéia precisa ser cultivada e alimentada para que se desenvolva e dê frutos. Utilize o seu potencial criativo, a sua capacidade de transformar o conhecimento adquirido no dia-a-dia em fator diferenciador e solucionador de problemas. Mas é bom lembrar o que disse Thomas Edison, inventor da lâmpada elétrica e recordista de patentes registradas (1093!): para ele, "gênio quer dizer 1% de inspiração e 99% de transpiração".

Abandone a idéia de que para ser criativo é preciso ter formação acadêmica. Vários empresários com baixíssimo nível de instrução já conseguiram compreender a dinâmica da concorrência, perceberam que é necessário fazer inovações constantes dos serviços prestados e reconhecem que a base disso é a aplicação da criatividade. Mesmo sem vastos recursos financeiros disponíveis, esses empresários procuram se atualizar nas práticas do mercado, conhecer empresas e conversar com pessoas. Conseguem, por exemplo, levar novas tecnologias para sua área de atuação mediante a associação de idéias originalmente utilizadas para outro fim, aplicando-as aos problemas que enfrentam no seu dia-a-dia.

Uma boa idéia pode gerar ganhos incríveis, mas eles só surgirão se a idéia for realmente implantada. De nada vale um pensamento fabuloso sem uma execução também fabulosa!

Seja sincero, claro e honesto em suas atitudes

No mundo competitivo em que vivemos, todos os recursos são válidos, mas não podemos nos esquecer da ética! A empresa deve esclarecer o mercado e seus colaboradores sobre seus valores morais e cuidar para que, dentro da empresa, todos sigam os mesmos valores. Não podemos ser complacentes com nenhum funcionário, seja ele quem for, tenha ele a história ou estória que tiver, se não tiver valores que sejam alinhados aos da empresa — demita-o imediatamente!

Sempre haverá concorrentes que utilizarão recursos não muito lícitos para conseguir clientes. Entretanto, não devemos nos desesperar, nem abandonar uma linha séria de trabalho. Em geral, tais concorrentes conseguem em um primeiro momento algum resultado, mas que não se sustenta ao longo do tempo. Quando observamos esses falsos sucessos, ficamos tentados a utilizar as mesmas práticas. Todavia, nunca podemos nos deixar atrair por esse joguete, pois ele pode destruir nossa imagem que foi construída ao longo do tempo. Além disso, essa é uma estratégia que está destinada a falhar!

Devemos, ao contrário, manter firme nossa conduta e alertar o cliente sobre propostas fantasiosas e práticas de mercado pouco éticas, sem contudo expor os concorrente nem fazer críticas. Devemos dar informações sérias, baseadas em fatos, para levá-lo a compreender o embuste sozinho, sem nossa interferência. Lembre-se: a escolha é dele.

Cada vez mais é preciso valorizar a dimensão da ética, principalmente se você pretende obter lucros por grandes períodos e sedimentar o nome de sua empresa. O lucro obtido através da desonestidade é um lucro volátil, que desaparece logo que o cliente percebe que foi enganado. Por isso, crie cenários reais para o cliente! Nunca ofereça serviços fantasiosos, sem paralelo com a realidade. Isso criará uma expectativa que não será cumprida, gerando uma decepção que pode ser usada pelo seu concorrente.

No seu contato com o cliente, seja autêntico e real. Não finja sentimentos, mesmo que você se considere um excelente ator. Lembre-se de que tanto você como o cliente não estão negociando apenas uma venda, e sim uma relação. E se essa relação começar errada, provavelmente vai terminar de forma ruim para todos! Então, seja honesto, pois não existe algo mais desagradável do que um sorriso falso e forçado, principalmente porque o cliente poderá sentir-se menosprezado ou feito de bobo se desconfiar que você está jogando.

Se você já precisou ligar para um *call center*, saberá do que estamos falando: ser obrigado a se identificar de 430 formas diferentes; informar a data em que sua avó perdeu o primeiro dente (até aí tudo bem, pois trata-se de uma questão de segurança para o próprio usuário!); explicar o problema durante 30 minutos para uma atendente que repete 3953 vezes "Entendo, senhor!", mas que não faz nada, não está entendendo nada e não dá uma explicação que fuja do *script* que está na tela. Tudo isso é irritante ao extremo, não é? Às vezes, dá vontade de entrar pelo aparelho de telefone e apertar o pescoço da atendente que está no outro lado da linha!

Pois bem, não existe pessoa ou empresa infalível, e o cliente sabe disso. Assuma seus erros: se não souber o que fazer, fale logo e vá procurar alguém que possa ajudar. Não enrole o cliente e não dê espaço para discussões! Também não seja inocente ou ingênuo, nem exponha problemas internos da empresa.

É importante saber que nem todos os clientes serão honestos conosco, que eles também têm amigos na concorrência e poderão repassar para outras pessoas o que estamos lhes falando. Além disso, muitas vezes você fará, sem saber, uma divulgação para um "cliente fantasma", ou seja, um cliente enviado por um concorrente apenas para levantar dados para estudos de mercado.

Quando ocorrer algum problema que implique contratempo ou prejuízo para o cliente, informe quais as medidas corretivas que realmente foram ou serão tomadas, comprometendo-se com prazos e demonstrando qual o sentimento da empresa para com o fato. Com certeza, o cliente compreenderá e aguardará a solução, mas se os prazos acordados não forem cumpridos ou se ficar evidente que se trata de um embuste, o cliente compreensivo dará lugar a um irritadiço e impaciente (cliente Dr. Jekyll/Mr. Hyde), que vai perder totalmente a confiança na empresa e com o qual vai ser muito mais difícil lidar.

Promova a capacitação de seus funcionários: treine sempre!

Alguns empresários ainda pensam assim: "Por que vou investir no treinamento de meus funcionários? Eles se capacitam, aí pedem aumento ou procuram outro emprego!". Essa é uma idéia perigosa, que nos faz perder muito dinheiro! Ora, seu funcionário também é um cliente seu. Se ele trocar sua empresa por outra, é porque não está satisfeito com algo; é porque você não está prestando corretamente seu serviço de empregador!

Quanto ao salário, se ele for capacitado, poderá dar maior retorno para a empresa e ajudar a empresa a crescer; logo, deve ser remunerado adequadamente em função disso. Se seu sistema de remuneração é coerente e justo, dificilmente você terá problemas nessa área, pois as pessoas não vão querer trocar sua empresa por outra. Assim como o cliente, seu funcionário pode ter ampliada sua percepção de risco, e pensar: "Será que vou ser tratado assim em outra empresa?".

Formar e reter talentos é um de nossos desafios diários. Infelizmente alguns serão perdidos ao longo do caminho, o que é natural e compreensível. Independentemente do que possa acontecer, é muito mesquinho querer barrar o crescimento pessoal e profissional de um funcionário apenas por vislumbrar que, num futuro muito distante (que você não tem nem idéia de quando vai ser), ele possa conseguir um emprego melhor. Para que isso não ocorra, uma boa estratégia é você transformar a sua empresa em um lugar do qual seu funcionário não queira sair.

Pense: quanto dinheiro você pode estar jogando no lixo por não ter pessoas bem treinadas! Será que esse prejuízo não é bem maior que o montante que poderia ter sido investido em treinamento e capacitação?

Mantenha uma atitude de treinamento e reciclagem constantes, não necessariamente formais. Utilize situações do dia-a-dia para ensinar técnicas e conceitos. Avalie os treinamentos ofertados ou parcialmente patrocinados, analisando a aplicabilidade no dia-a-dia e cobrando essa aplicação: lembre-se de que você fez um investimento, e de que é necessário obter retorno.

Incentive também a criação de grupos de estudos, em que experiências possam ser trocadas e situações do dia-a-dia sejam debatidas. Promova encontros acadêmicos semanais ou mensais, encontros para discutir técnicas de negociação, ou experimente outros modelos de treinamento aplicáveis a sua empresa. Procure manter os seus funcionários com o maior número possível de informações necessárias para ampliar o seu conhecimento sobre a empresa e os rumos que ela está tomando. Assim, você eliminará ou minimizará o efeito da rede de fofocas, conhecida como "Rádio Peão", que apenas atrapalha.

Dissemine entre seus funcionários o conceito de empregabilidade, deixando claro que eles também são responsáveis por suas próprias carreiras, desenvolvimento e sucesso. Trabalhe essa mudança cultural. O colaborador deve ser o principal responsável por sua própria evolução; ele não pode mais esperar que todos os treinamentos sejam pagos integralmente ou que a empresa procure no mercado instituições de ensino para ministrar os cursos de aprimoramento e extensão. Ele também precisa "correr atrás". Porém, não se apóie nessa "bengala" para evitar investimentos nos funcionários: estamos falando aqui de divisão de responsabilidades!

Crie um sistema de índices gerenciais que dê à empresa o foco no cliente

Mapeie e desenhe o fluxograma dos processos que ocorrem na sua empresa. Em seguida, levante quais são os pontos que agregam valor para o cliente. Busque informações com seus colaboradores de linha de frente. Pergunte, descubra quais são e estude os pontos na sua prestação de serviços que realmente são percebidos pelo cliente como pontos positivos. Então, crie índices para controlar esses pontos.

Estabeleça, em conjunto com os executantes e outros indivíduos importantes para a obtenção de resultados, metas que sejam audaciosas, desafiadoras, porém tangíveis. Defina também os procedimentos para coleta de informações a serem implantados. Divulgue a metodologia a ser aplicada, treine exaustivamente os envolvidos e implante as medições de uma forma experimental. Verifique se a coleta está sendo bem feita, se a metodologia definida está correta, se as pessoas entenderam a finalidade e a forma de coleta do índice, e, apenas depois disso, implante-o de forma definitiva.

Acompanhe a evolução dos indicadores e tome ações em função do seu comportamento, de sua tendência. Não fique paralisado olhando a dança dos números — mexa-se! E coloque sua equipe para se mexer junto com você!

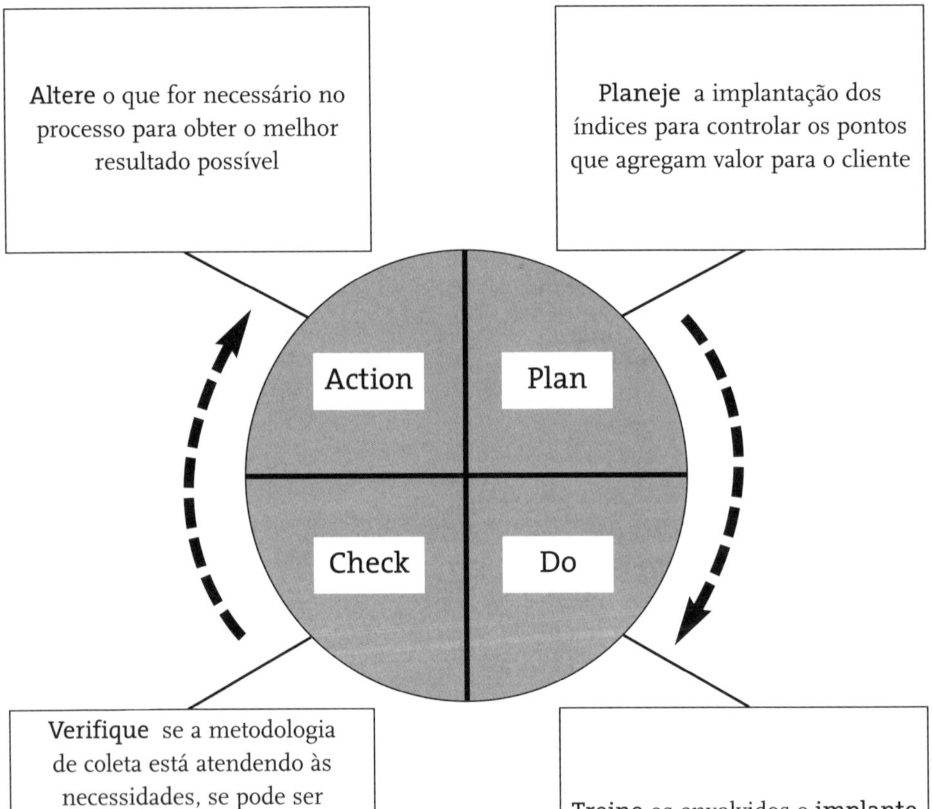

Ciclo PDCA de Demming

Os controles não são aplicáveis apenas a acontecimentos mensuráveis, mas também a itens não mensuráveis. Os mensuráveis são, em geral, relativos às características internas da empresa, enquanto os imensuráveis, em geral, têm origem no ambiente externo e contêm informações que podem tornar-se estratégicas: grau de satisfação dos alunos com o serviço prestado, carisma dos professores, qualidade do atendimento etc.

Uma das maneiras de medir itens como a qualidade do atendimento é a realização de pesquisas com os clientes, a utilização de "clientes fantasmas" (pessoas que fazem contato sem identificação apenas para testar o atendimento recebido), a disponibilização de canais de reclamação (caixas ou livros), a criação de um SAC etc.

Controles mensuráveis são mais simples e diretos. Alguns exemplos:

- Tempo de demora no atendimento para uma divulgação.
- Tempo de demora para receber um pagamento de mensalidade.
- Número de erros na apresentação de cheques pré-datados.
- Freqüência dos alunos nas atividades extras.
- Absenteísmo em grupos específicos.
- Altos índices de transferência em determinado grupo.
- Números de trancamentos, cancelamentos e desistências.
- Motivos de trancamentos, cancelamentos e desistências.
- Motivos de reprovação.

É bom lembrar que cada índice possui um custo de apuração, compilação, análise e ação, e que esse custo deve ser, preferencialmente, menor que o benefício gerado. Além disso, sistemas muito pesados geram mais confusão e demandam mais tempo para análise — pode ocorrer que ninguém olhe os números ou aja sobre a tendência indicada. Então, deve-se criar um sistema de controle gerencial focado em poucos pontos, que sejam realmente importantes e que dêem resultados práticos.

Um executivo, ao assumir um posto, notou que se gastava uma verdadeira fortuna com impressão de relatórios e gráficos complexos, que tomava muito tempo para ser executada. Resolveu, então, fazer um teste.

Pegou uma cédula, tirou dez fotocópias e as colocou no meio dos relatórios; anexou um bilhete informando que a pessoa que lhe apresentasse a cópia da nota receberia a original.

Os documentos foram distribuídos e, após 60 dias, ninguém reclamou o prêmio. Ou seja, gastava-se muito dinheiro com a geração de dados que não serviam para absolutamente nada — ninguém os lia!

O executivo interrompeu a atividade, transferiu as pessoas para serviços mais necessários e rentáveis, e economizou uma fortuna.

A mesma situação se aplica a controles dentro de uma escola. Os índices monitorados devem ser utilizados para gerar lucro ou evitar prejuízos. Devem ser capazes também de subsidiar uma análise dos cenários atuais e futuros, sustentar as ações a serem tomadas e gerar motivação e sinergia entre os envolvidos. Suas metas deverão ser convertidas de valores numéricos para valores morais, individuais e da equipe, a serem perseguidos por iniciativa própria.

Após definir exatamente o que e como quer controlar, você passa a monitorar de forma sistemática o processo e verificar onde estão os desvios, falhas ou carências. Tem, assim, a oportunidade de intervir sempre que houver uma tendência indicando que um índice está se descontrolando, ou quando perceber uma oportunidade, um potencial de melhora.

É interessante utilizar uma metodologia de análise e solução de problemas para abordar os assuntos, e ferramentas de priorização para saber o que atacar primeiro e o que vai apresentar mais resultados. Se tratarmos os problemas sem qualquer critério, perderemos tempo e chegaremos a resultados muito inferiores aos pretendidos, ou ainda correremos o risco de tomar decisões incorretas, piorando ainda mais a situação.

Conheça o seu concorrente como a ti mesmo — e una-se a ele, se necessário

> Se você conhece a ti mesmo e ao seu inimigo, não precisa temer o resultado de uma centena de batalhas. Se você se conhece mas não conhece o inimigo, para cada vitória ganha também sofrerá uma derrota. Se você não conhece nem o inimigo nem a si mesmo, perderá todas as batalhas. (Sun Tzu, 1996)

Tanto no âmbito da competição quanto no da negociação, é regra fundamental conhecer bem as pessoas com quem se lida — no caso, o cliente e o concorrente. Devemos ter humildade e reconhecer que é possível aprender muito com o concorrente, tanto em seus acertos (que podemos tomar como exemplo) quanto em seus erros (que devemos evitar, para economizar tempo e dinheiro). Conheça como seus concorrentes operam, quais são suas ofertas para o mercado, qual o valor agregado que eles estão entregando; o que eles prometem e não cumprem; quais seus valores. Conheça a participação deles no mercado, suas filosofias, estratégias, pontos fortes e fracos.

Copie as iniciativas de sucesso, melhorando e adaptando o que realmente for bom e descartando o que for ruim. Desenvolva estratégias de combate baseadas em dados e fatos, nunca em desejos, suposições ou mentiras. E, importante: nunca menospreze o concorrente! Pelo contrário: crie e deixe abertos canais de comunicação, pois seu concorrente de hoje pode ser seu aliado de amanhã. Muitas vezes, para aumentar o poder de barganha perante um comprador ou fornecedor, é necessário ter escala. Nesse sentido, alianças estratégicas podem ser muito úteis.

Quando duas empresas do mesmo ramo são pequenas e fracas e resolvem se unir (obviamente isso só vale quando os valores empresariais são aproximados ou quando uma incorpora a outra), dessa união pode surgir uma empresa forte. Aumenta-se a base de alunos e reduz-se os custos fixos. Não são processos fáceis — muito pelo contrário, são penosos —, mas podem ser uma solução boa e viável. Outra possível estratégia, já mencionada, é associar-se a outras empresas para montar grupos de desconto. Isso faz aumentar o valor agregado ao serviço fornecido e a percepção de risco na troca de fornecedor.

Esse papo todo serve para concluirmos que não adianta você virar a cara para o seu concorrente, culpando-o de todos os seus problemas, pois o maior culpado é você mesmo! Como ele tem os mesmos problemas que você, duas cabeças pensam mais que uma e duas empresas têm um poder de barganha maior que uma... Aprenda que muitas vezes vale a pena solucionar problemas comuns junto a seu concorrente. Proponha alianças estratégicas, compras conjuntas e outras saídas criativas e funcionais que beneficiem a ambos. Entretanto, tenha sempre em mente que nem todos são claros em seus objetivos, nem todos são honestos e nem todos pensam igual a você. E o mais importante: "O último inocente morreu no ano passado!" — não tente ser esperto demais, pois alguém perceberá... e também não seja ingênuo demais!

> Reflita bem, tome todos os cuidados necessários, mas nunca abandone a oportunidade de uma boa aliança estratégica!

Seja inovador na forma de captar alunos

Cuidado com a idéia perigosa de que "em time que está ganhando não se mexe": lembre-se de que o sucesso de ontem não garante o de amanhã. Então, não seja avesso a novas possibilidades — não é porque você sempre buscou alunos da mesma forma e nos mesmos lugares que não poderá testar alternativas.

Porém, não se esqueça de olhar para dentro de casa antes de ligar a metralhadora, atirando desesperadamente para todos os lados. Procure definir o perfil de seu público-alvo, quais os seus hábitos, qual a oferta diferenciada que tem valor para esse público, qual o melhor momento e lugar para fazer a oferta.

Que características do seu mercado local podem ser convertidas em oportunidades? Você se situa perto de escolas, faculdades, hospitais, igrejas? É uma área com grande concentração de militares? Ou é uma típica área residencial com grande concentração de crianças e adolescentes? Que oferta você poderia fazer aos seus alunos para aumentar a rentabilidade de cada um? O que os motivariam a trazer seus círculos de relacionamento para dentro da empresa? Para responder a essas perguntas, use e analise os dados que você vem armazenando ao longo do tempo!

A captação de novos alunos pode ser feita de várias formas: acordos com escolas não concorrentes (cursos de idiomas + escolas de ensino fundamental), igrejas, associações de pais, associações de bairro, condomínios, academias, escolinhas de esportes, parques de recreação de *shopping centers*, bufês e casas de festas, dentistas especializados em crianças, planos de saúde e até mesmo maternidades! As possibilidades são inúmeras e podem gerar excelentes resultados a custos reduzidos. Para isso, é crucial que suas propostas sejam bem estruturadas e que as empresas procuradas por você tenham os mesmos valores e posicionamento; caso contrário, você pode ter sua imagem arranhada e seu investimento perdido.

Planeje sua comunicação de marketing

De que adianta possuirmos um serviço tecnicamente perfeito, instalações compatíveis e acessíveis, um processo bem definido e uma equipe extremamente alinhada se não conseguimos nos comunicar, ser lembrados ou mesmo conhecidos pelos clientes possíveis (*suspects*) e potenciais (*prospects*), nem servir de referência para nossos clientes atuais? Para evitar que isso ocorra, é fundamental traçar um plano de comunicação de marketing eficiente, inserido dentro de sua estratégia de negócio.

Nome bonito... "plano de comunicação de marketing"... mas é isso mesmo! Como já dissemos anteriormente, no ramo de serviços a comunicação "boca a boca" é muito importante. Toda a sua estratégia de prestação de serviços e de relacionamento com o cliente deve ser voltada a transformá-lo em um divulgador. Isso, contudo, não é suficiente para gerar um movimento de captação de sua empresa para repor as perdas e ainda promover o crescimento.

Primeiramente, devemos saber que público-alvo vamos focar para cada tipo de serviço. Nada impede que tenhamos vários públicos diferentes: turmas de crianças, turmas de adultos, turmas para militares, ensino para a terceira idade etc. A comunicação, então, deve ser feita de forma direcionada ao público pretendido. Integrantes de uma determinada "tribo" têm comportamentos semelhantes: existe um perfil, um comportamento mediano para pessoas que tenham algumas características similares, permitindo que elas sejam agrupadas.

Como exemplo, podemos citar "jovens senhoras da terceira idade" que, embora tenham comportamentos e valores individuais diferentes entre si, se comunicam de forma mais ou menos homogênea. A forma de comunicação desse grupo e, mais além, a forma de comprar um serviço e avaliar sua qualidade é provavelmente muito diferente se comparamos a um grupo de empresários na faixa de 38 a 42 anos que atuam no mercado financeiro, ou a um grupo de skatistas, que usam calças largas, pintam o cabelo de verde e treinam no *halfpipe* da pracinha, escutando o MP3 aos berros.

Percebe as diferenças? Sua comunicação deve ser focada no perfil médio do grupo que você quer atingir, e tem de ser compatível com seu posicionamento e com a imagem que você quer passar de sua marca. Não adianta querer se posicionar como uma empresa de ponta para executivos, cobrando preços elevados, e ter seu material de propaganda feito em papel de baixa qualidade e com impressão ruim... ou ter em uma feira um estande totalmente improvisado, sem estrutura para receber com conforto um cliente potencial.

A propaganda é apenas um dos elementos da comunicação de marketing. Segundo Philip Kotler, no livro *Administração de Marketing*, o mix de comunicação de marketing é composto por: propaganda, promoção de vendas, relações públicas, vendas pessoais e marketing direto. Esse mix tem como funções principais:

- *Difundir* — tornar o produto, serviço ou marca conhecidos.
- *Persuadir* — convencer o público do produto, dos serviços ou da marca sobre seus respectivos diferenciais competitivos.
- *Informar* — apresentar o produto ou serviço ao público.
- *Motivar* — levar o cliente a efetuar a compra.

Dentro do mix de comunicação, a *propaganda* é uma forma paga de apresentação e promoção de idéias, produtos ou serviços, feita por um anunciante identificado. A *promoção de vendas* inclui os incentivos de curto prazo que você oferece para experimentação ou compra de um produto ou serviço, como brindes, descontos etc. *Relações públicas* compreende uma série de programas e ações elaborados para promover ou proteger a imagem de uma empresa, serviço ou produto. *Vendas pessoais* ocorrem quando há interação face a face com o cliente para divulgação e fechamento da venda, como um estande dentro de uma empresa para captação de alunos ou ainda uma divulgação no próprio curso. Finalmente temos o *marketing direto*, que é a utilização de correio, fax, telefone, e-mail ou internet para se comunicar diretamente com clientes potenciais (*prospects*).

Na montagem de um plano de comunicação, temos de considerar os seguintes aspectos:

- O público-alvo da comunicação e suas características principais.
- Os objetivos da comunicação.
- Orçamento disponível (não adianta querer colocar um anúncio na televisão se o orçamento só permite a colocação de um anúncio em um jornal de circulação restrita).
- Definição dos elementos do mix de comunicação de marketing a utilizar.
- Seleção dos canais de comunicação a serem utilizados (mídias tradicionais como rádio, mídia impressa ou mídias mais recentes como celular, internet etc.) e sua forma de utilização: freqüência de anúncio no rádio, semanas de veiculação de um anúncio no jornal etc.
- Definição das metas a serem atingidas e da forma de acompanhamento dos resultados a serem obtidos.

A comunicação de marketing, além de ser importante para que a empresa atinja seus públicos-alvo, é também essencial na determinação dos custos iniciais e na formação dos custos variáveis de operação. Algumas empresas trabalham com orçamentos fixos, outras com orçamentos variáveis ou com orçamentos específicos de campanhas. Dedique um pouco do seu tempo a montar um plano de comunicação consistente para sua empresa, considerando principalmente seus objetivos, sua disponibilidade de capital, as características de seu público-alvo e o tempo de retorno pretendido.

O contato com um cliente potencial é uma vitória difícil que deve ser valorizada

Conforme já dissemos, o investimento inicial para captar um aluno é alto. Gastamos muito dinheiro em comunicação de marketing e nos esforços para promover uma rede de propaganda "boca a boca". Logo, devemos valorizar muito o momento em que um cliente potencial nos procura para uma divulgação, qualquer que seja o meio de contato.

O procedimento técnico de divulgação só deve ser iniciado após o estabelecimento de uma certa sintonia e empatia com o cliente e, como já mencionamos, devemos ser flexíveis para atingir as expectativas dele. Se se tratar de uma visita presencial, não deixe de mostrar as instalações, através de um passeio dinâmico e envolvente nas dependências da escola; nessa oportunidade, atraia a atenção do cliente enfatizando aqueles aspectos que ele considera importantes e que a escola satisfaz. Isso significa transformar uma simples visita a uma escola em um verdadeiro "tour experiencial", no qual os *prospects* sintam o local e se relacionem com ele, de forma confortável, se enxergando como parte daquele universo.

Nesse sentido, a decoração da escola exerce um papel importantíssimo, e deve ser criada de acordo com o posicionamento da marca: escolas que ensinam idiomas para profissionais deverão ter um ar mais sóbrio e elegante; escolas especializadas em crianças devem explorar ao máximo o lado lúdico; escolas com foco em adolescentes devem incorporar, na decoração, muitas cores e a sensação de movimento, aspectos atrativos para esse público. Não traz satisfação ao cliente visitar uma escola cujas paredes estão "nuas" e todo o restante parece desconectado e improvisado.

E a experiência não deve ficar só na visita. Após sair da escola onde recebeu uma divulgação de serviços mas não efetivou matrícula, o cliente potencial volta para casa ou escritório e, quando acessa a internet, recebe um e-mail da escola, agradecendo a visita e concedendo um brinde, desconto ou convite para uma aula experimental — um e-mail atraente mas profissional, e que não invada sua privacidade. Guarde sempre uma carta na manga para chamar o potencial aluno de volta à escola. Não ofereça tudo o que pode no primeiro contato, e não permita que sua imagem se dissipe rapidamente da mente dessa pessoa. Invista no relacionamento, sem ser chato ou desagradável.

Caso ele não tenha (ou não queira fornecer) endereço de e-mail, mas forneça um telefone de contato, faça alguns dias depois uma ligação educada e objetiva, agradeça a visita, pergunte se ele ficou satisfeito com o atendimento e se possui alguma dúvida. Aproveite para oferecer o brinde, desconto ou convite para uma aula experimental.

Você pode, além disso, coletar a data de nascimento da pessoa e enviar um cartão de aniversário por e-mail. Seja cortês, mantenha contato, cuide desse relacionamento: trata-se de pequenos investimentos que podem dar ótimos frutos.

Despenda esforços e capital na retenção e na reativação de alunos rentáveis

Se você presta um serviço de alto nível e põe o cliente como foco de suas ações, cria nele uma experiência positiva. Se você perder o cliente, provavelmente será por causas circunstanciais. Em casos como esse, o vínculo deve ser cultivado e aproveitado. Lembre-se de que foi feito um investimento em captação, e que ele ainda pode ser capitalizado através de uma rematrícula ou da continuidade de propaganda "boca a boca" positiva. Para que isso ocorra, é necessário que o tão desejado vínculo seja mantido ativo, mediante ações de relacionamento.

Convidar alunos a retornar é uma tarefa mais que delicada, e uma série de ponderações deve ser realizada: analise os porquês da saída do curso; se solicitações ou problemas foram deixados sem solução; se a rentabilidade do aluno vale o esforço para uma rematrícula... Não faça como algumas escolas que enviam cartas-convite buscando o retorno de alunos maus pagadores, arruaceiros e que atrapalhavam o bom andamento das aulas.

Obviamente, esses ex-alunos não podem ser crucificados! No entanto, não se deve investir no seu retorno, tendo em vista que o investimento pode ser direcionado para outro ex-aluno mais interessante para o negócio. O bom senso deve guiar esse processo, baseado nos dados registrados, no histórico dos alunos e nos motivos de sua saída. Além disso, o convite para o retorno deve trazer uma proposta que seja realmente relevante e oportuna para o ex-aluno, seja ela um desconto, um brinde ou uma modalidade nova de curso.

Para ilustrar a questão, um fato:

> Um instituto de idiomas, bem conceituado e conhecido por prestar serviços diferenciados (e com custo um tanto elevado), me atraiu pela propaganda "boca a boca" sobre seus cursos de espanhol. As instalações eram adequadas, o ambiente agradável... gostava muito do cheirinho de limpeza da escola! O atendimento era bom, e comecei a ter aulas individuais com um dos donos — cheguei a pagar mais caro por isso.
>
> Depois de um certo tempo, com o aumento do número de clientes, era difícil conseguir horário para marcar as aulas. Os atrasos eram freqüentes e a presença dos donos dentro do instituto tornou-se esporádica, pois eles precisavam fechar contrato com empresas e captar mais alunos.
>
> A secretaria me indicou um outro professor. A parte técnica do trabalho era de boa qualidade, mas o tratamento... A criatura estava longe de ser simpática e cativante; era muito arrogante, prepotente, e isso atrapalhava as aulas. Fui levando do jeito que deu; afinal, queria muito aprender espanhol.
>
> Um certo dia, me entregaram um questionário de avaliação de desempenho e serviços, dizendo que minha opinião era mui-

to importante. Escrevi que a falta de empatia estava prejudicando o aprendizado e que eu não estava vendo retorno para o meu investimento. Pedi inclusive que me transferissem para outro professor, mesmo que fosse em outro horário.

Nada foi feito. Um mês se passou e nenhuma resposta foi dada. Tudo piorava! Tentei falar com os donos, que também eram os coordenadores, mas eles nunca estavam lá e não me davam retorno. As secretárias (que já me olhavam de cara feia, por conta de tanta insistência) contaram para o professor que eu estava reclamando e ele foi tomar satisfação comigo. Foi muito grosseiro, dizendo que o problema não era dele; disse que a questão não era a empatia, mas a minha falta de aptidão para aprender!

Cancelei a matrícula imediatamente e fiz questão de solicitar minha exclusão do cadastro, para não correr o risco de receber e-mails ou qualquer forma de contato. Fui para um concorrente com preços mais acessíveis e um bom atendimento, e conclui o curso.

Infelizmente, minha última solicitação àquele instituto também foi ignorada: quatro anos depois, recebi uma mala direta que, entre outras coisas, dizia:

"O 'Curso X' sempre atendeu você com muito carinho. Nossos professores são treinados para prestar serviço de qualidade e com toda a gentileza e simpatia de que necessita o trato com pessoas. Agradecemos sua preferência e adoramos a cada vez que você comparece em nossa escola, pois isso demonstra seu reconhecimento por toda a dedicação que empenhamos ao recebê-lo. Visando a fidelização de nossos clientes, oferecemos 10% de desconto na compra de dicionários de inglês, gramáticas e serviços de tradução. Mais uma gentileza do 'Curso X'!"

Chega a ser irônico! Além de não conseguirem me atrair de volta, aumentaram minha total irritação em relação à marca e me fizeram reativar o "boca a boca" negativo com amigos, familiares, colegas de trabalho e até mesmo desconhecidos em filas de banco. Uma ex-aluna de lá chegou a me contar que eles haviam instituído aprovação automática, pois o curso estava perdendo muitos alunos devido aos altos índices de reprovação. Um absurdo!

Desse caso, tiramos a seguinte conclusão: se você não se relaciona bem com seus alunos e não adota uma postura ética, que prime pela qualidade e pelo atendimento... está perdido!

Fale a linguagem de seus clientes: ofereça serviços customizados para eles, não para você!

Ao elaborar uma proposta para um cliente, seja ele uma pessoa física ou jurídica, precisamos ser claros, objetivos e, acima de tudo, profissionais. A proposta deve ser formatada de acordo com o perfil do cliente. Obviamente, ninguém entregará, para uma indústria que deseja contratar cursos para seus gerentes e supervisores, uma proposta impressa em papel cor-de-rosa, com borboletinhas e corações esvoaçantes! Esse foi um exemplo extremo, mas não é tão raro assim encontrar propostas escritas em formato inadequado e linguagem pouco profissional.

Algumas instituições, além disso, forçam o possível cliente a aceitar o formato de curso imposto pela instituição, ainda que este não seja adequado de forma alguma às suas necessidades e anseios.

Certa vez, a diretora de um instituto de idiomas localizado em uma cidade industrial do interior declarou a nós, em conversa informal:

— Não vou modificar todo o programa do meu curso só porque esses engenheiros querem! Tenho uma filosofia séria a seguir, sempre se aprendeu inglês assim... não mudo! Além do mais, tá tudo errado naquela empresa: trabalham por turnos, então nesta semana o sujeito assiste aula de manhã, na próxima assiste à tarde e na seguinte à noite... onde já se viu? Por que ele não trabalha num horário fixo?! Se eu ficar circulando com ele em horários diversos, isso bagunçará meu mapa de turmas e minha cabeça!

Quando questionada se os alunos estavam matriculados em turmas convencionais, ela deu uma resposta ainda mais estarrecedora:

— A empresa paga para que eles tenham aulas individuais, são 14 executivos no total... e sem desconto! Ainda bem que não preciso dar desconto, pois são muito chatinhos... além do tal do rodízio, tenho que mandar relatórios mensais de aproveitamento sobre cada aluno para uma garota do RH que só sabe ficar alugando meus ouvidos com perguntas e pedindo descritivos do trabalho que está sendo feito... A professora sou eu! *Eu* é que tenho que saber o que vou cumprir em sala... dou aula há vinte anos! E não adianta procurarem outra, pois sou a melhor da cidade e os outros cursos não terão capacidade de atendê-los.

Meses depois, retornando à cidade, procuramos pela professora e encontramos a casa vazia: o curso havia fechado e os alunos encontraram espaço em um curso novo, elegante, voltado para a oferta de "soluções em idiomas", cobrando elevados preços por isso... e crescendo!

O diretor desse novo curso foi professor na capital durante muito tempo, mas após sofrer vários assaltos resolveu se mudar para o interior e abrir seu próprio negócio. Experiente em sala de aula, fez alguns cursos de curta duração para adquirir noções de administração e marketing, e contratou uma pesquisa de mercado para escolher o formato de negócio, a localização e a faixa de preços. Ele declarou que a melhor coisa que fez foi "ouvir o seu cliente potencial". Assim pôde estruturar seu negócio de acordo com as necessidades e carências locais. Felizmente está tudo dando certo e o curso se encontra em franca expansão.

"Uma verdade é incontestável: precisamos de clientes para sobreviver. Somente assim poderemos dar o nosso melhor para crescer e viver melhor ainda!"

Essa frase me foi dita por seu Francisco, um senhor de 78 anos, dono de um salão de beleza próximo de minha casa. Há mais de um ano, passo quase que diariamente em frente ao Salão Aphrodite. Mas nunca havia tencionado entrar, pois o estabelecimento não me atraía de forma alguma. Além de a fachada ser escura, as luzes estavam quase sempre apagadas. As paredes eram revestidas de madeira antiga e o chão, em um tom cinza escuro, dava impressão de um local úmido, mofado e sujo. O letreiro antigo não ajudava muito e, para completar, seu Francisco ficava sempre na porta, com a cara emburrada. Somente umas poucas clientes antigas, amigas de sua esposa, freqüentavam o salão, mas muitas já haviam migrado para algum dos "novos e modernos" que abriram na redondeza. Como a loja era própria, o barco seguia ao sabor do vento — só que ele não soprava a favor...

Em um bairro lotado de mulheres e meninas vaidosas, ávidas por gastar e experimentar tudo de novo que a indústria de cosméticos lança, a concorrência ia aumentando e a clientela do Salão Aphrodite, definhando a cada dia. Certo dia, passo em frente ao local e vejo a loja fechada. Estranhei... e como o ser humano tem uma tendência natural a sempre esperar o pior, pensei: será que ele havia falido? Falecido?

Na semana seguinte, vejo um novo salão no local, organizado, bonito e iluminado, anunciando "tratamentos modernos para o seu tipo de cabelo". Era um verdadeiro convite para minha curiosidade — afinal, não tinha gostado realmente dos serviços de nenhum salão das redondezas. Entrei e, para minha surpresa, no caixa estava o seu Francisco, com a mesma cara emburrada de sempre. Fui interceptada por uma moça muito simpática, que se prontificou a me apresentar os serviços oferecidos pelo salão e me perguntar sobre meu interesse em tinturas, manicure, depilação, limpeza de pele etc. Preenchemos uma fichinha para sorteio de um kit de produtos. Acabei me esquecendo do seu Francisco e fui embora.

Dias depois, recebi uma mala direta oferecendo descontos atrativos e resolvi testar a manicure. Fui encaminhada a uma manicure de idade próxima da minha, que foi muito simpática e fez um bom serviço. Achei interessante quando ela me acompanhou até a porta e me agradeceu de forma entusiasmada, dizendo que aguardava meu retorno na semana seguinte. Realmente retornei e percebi que as mudanças não haviam sido somente estruturais e nos serviços oferecidos. Havia no salão um espaço onde pessoas mais velhas atendiam a senhoras de idade próxima, de forma mais calma e reservada. Eles buscavam personalizar cada atendimento e conhecer o cliente cada vez mais. Criaram um cartãozinho do cliente, carimbado a cada serviço feito, para troca por produtos ou descontos, implementando assim um programa de fidelização.

Em uma das minhas idas ao salão, me dirigi ao caixa para pagar e tomei coragem para perguntar a seu Francisco como uma mudança tão radical havia acontecido. Ele me contou que estava estabelecido no local fazia mais de 40 anos e que havia perdido praticamente toda a clientela. Relutante e para não fechar o negócio da família, concordou que um sobrinho formado em marketing fizesse uns estudos e projetos e, quando este apresentou os resultados e perspectivas, junto com um planejamento estratégico, resolveu arriscar... e felizmente deu certo!

Trazendo essa estória para o universo dos serviços educacionais, encontramos um panorama bem semelhante. Por todo o país, a proliferação de instituições de ensino é intensa e a competição, cada vez mais acirrada. Paradigmas são quebrados e a cada dia surgem novas tendências. Não é porque uma escola foi fundada há cinqüenta anos que deverá continuar operando com as mesmas instalações e no mesmo formato da época de sua inauguração. Os tempos mudam... os alunos, seus desejos e necessidades também!

Faça uma autocrítica constante

Pegue um lápis. Imagine que você acaba de se matricular em sua escola e agora é um de seus alunos. Você faz a inscrição, compra o material e começa assistir às aulas. Vinte dias se passaram. Em dez dias, você terá de pagar a segunda parcela do plano de pagamento escolhido. Como no contrato existia a possibilidade de desistir em 30 dias a contar da data da matrícula, sem custos adicionais, você decide fazer uma análise da experiência inicial para ver se continuará ou não como cliente da instituição. Questões surgem em sua mente e você inicia a análise. Responda honesta e objetivamente as questões abaixo:

- Como você chegou até a instituição? (indicação de amigos, propaganda, proximidade de casa ou trabalho)
- Quais eram suas expectativas e objetivos iniciais?
- Como você classifica o atendimento que foi prestado no ato da divulgação da instituição e seus serviços?
- E o atendimento no ato da matrícula? Você se sentiu confortável, prestigiado e bem-vindo?
- O que você acha das instalações?

- Que clima pode ser percebido a cada vez que você chega e sai? Como você se sente?
- Como os funcionários tratam você?
- E o professor? Você está gostando do estilo de aula e da interação?
- O que você acha do material didático e do material de apoio?
- Como é feito o uso de tecnologias? Isso é importante para você?
- Você teve algum problema ou dificuldade nesse período? Obteve soluções de forma satisfatória?
- Como você se sente em relação a sua escolha?
- Suas expectativas estão sendo atingidas?
- Você indicaria essa instituição para seu melhor amigo?

Estas perguntas lidam basicamente com a sua percepção sobre o serviço prestado e, embora possam ser respondidas em apenas cinco minutos, representam o limiar entre a manutenção ou a perda de um aluno, ou mesmo a atração de novos clientes. Realize periodicamente uma auto-análise: como cliente interno, você está encantado com os serviços de sua instituição?

Lembre-se: o que o seu cliente percebe representa a realidade para ele!

É muito complexa a tarefa de ser encantador por um longo espaço de tempo. Avalie seus passos constantemente, avalie a satisfação de seu cliente, ofereça não apenas cursos, mas soluções educacionais. Realinhe seus rumos, inove e reinvente-se a cada dia!

O papel do professor no "negócio–ensino"

Seja professor ou instrutor, ao contratar um profissional, tudo o que devemos esperar é que ele tenha domínio da matéria e possa transmitir conteúdos... Certo? Não! Nos tempos atuais, precisamos admitir que ser professor vai muito além disso!

O professor desempenha um papel vital na prestação de serviços educacionais, contribuindo diretamente para o sucesso e para a sobrevivência da empresa. Por ser o elemento que tem maior contato com os alunos, ele tem maiores chances de conhecê-los e formar vínculos. E esses vínculos são de extrema importância, pois, ao se considerar como parte de um time, acreditar e respirar a filosofia e a cultura da instituição, o aluno poderá tornar-se um defensor tão forte de sua marca que certamente passará a propagar sua satisfação com imenso entusiasmo em seu círculo de amizade e profissional.

Quando estamos contentes com algo, sentimos prazer em divulgar essa sensação. Não é à toa que, mais uma vez, destacamos a chamada propaganda "boca a boca", que acaba sendo responsável por grande parte da captação de novos alunos, principalmente no que se refere à redução da percepção de risco.

Nesse processo, o professor pode ser um influenciador positivo, liderando um exército de alunos-divulgadores que irradiam a maravilha de fazer parte do grupo e, com isso, atrair novos alunos. Por outro lado, ele pode representar uma doença silenciosa que mata a empresa aos poucos, com seus comentários impróprios, omissões, serviços de qualidade duvidosa e a falta de coerência com a imagem e a filosofia da empresa, gerada pela falta de comprometimento.

O poder do professor como influenciador deve ser respeitado e sempre canalizado para o seu aspecto positivo. Nessa perspectiva, podemos colocar como características a serem buscadas e cultivadas em um professor orientado para o sucesso do negócio:

- Conhecimento técnico consistente e atualizado sobre a disciplina que leciona, aliado à humildade para reconhecer que sempre podemos melhorar e que devemos sempre buscar ampliar tanto o conhecimento técnico como as habilidades que permitam sua transmissão.
- Capacidade para perceber anseios, desejos e necessidades dos alunos, possibilitando a realização de um trabalho personalizado.
- Capacidade para diagnosticar falta de motivação ou queda de interesse dos alunos, bem como aptidão para buscar alternativas para ajudar a solucionar o problema.
- Capacidade para estabelecer um sentimento de vínculo em relação à empresa e aos alunos. O professor realmente comprometido se preocupa e sabe da gravidade de perder um aluno. Ele também festeja quando uma nova matrícula é efetivada e busca sempre contribuir para o crescimento da instituição.
- Capacidade de assumir em sala de aula o papel de líder, e não de "senhor todo poderoso, detentor de todo o saber". Deve se posicionar de forma acessível e ser realmente um facilitador do processo, criando um ambiente agradável e favorável à aprendizagem, com incentivos para que ela ocorra de forma consistente, progressiva e permanente.
- Capacidade de mostrar claramente ao aluno a sua evolução, ins-

truindo-o sobre as possibilidades atuais e futuras de uso do que ele está aprendendo, de forma a sustentar sua motivação e imunizá-lo contra comentários negativos ou frustrações.

- Interesse pelos processos administrativos, representando a empresa dentro da sala de aula. Deve lutar por melhores índices, reconhecendo-se como parte da empresa e tendo plena consciência de que resultados bons ou ruins também são de sua responsabilidade.
- Empenho em transmitir para os alunos os benefícios que a instituição pode oferecer e o que a diferencia dos concorrentes.
- Não ser um elemento passivo: ao escutar reclamações de alunos ele deverá, além de defender a instituição, repassar as dúvidas, os questionamentos e os problemas para a coordenação, auxiliando se possível na busca de soluções.
- Ao obter informações sobre concorrência, colocar a coordenação sempre a par. É de grande valia conhecermos os passos e ações táticas de nossos opositores.
- Estar atento às oportunidades de captação ou riscos que a instituição possa sofrer, dividindo as informações com a coordenação.
- Preservar e utilizar corretamente os recursos fornecidos pela empresa.
- Trabalhar em prol da imagem da instituição como um todo, e não somente de sua imagem individual.

Ser professor é uma tarefa bastante complexa, porém gratificante para aqueles que realmente gostam da profissão. Aliás, gostar do que faz é de fundamental importância: é muito arriscado aceitar em nossa equipe pessoas que não gostam do que fazem ou apenas o fazem em troca de algum dinheiro, pois dificilmente o farão com sentimento, dedicação e comprometimento.

É preocupante saber que há instituições que contratam leigos, curiosos, pessoas não qualificadas para ensinar mas que possuem algum conhecimento sobre o idioma, e os colocam em sala de aula (geralmente sem treinamento), com a intenção de economizar nos salários. Isso fatalmente destrói todo o investimento de médio e longo prazo!

O professor deve ser ativo e ter consciência de seu papel vital no sucesso da empresa. Mais que ninguém, ele deve internalizar a filosofia de aperfeiçoamento contínuo, buscando sempre melhorar não só sua capacidade técnica, mas seus conhecimentos sobre a administração da instituição, de forma a poder se sentir parte do todo ou definir se é realmente seu interesse fazer parte da equipe.

É comum que questões administrativas sejam levantadas em sala de aula. Nessas ocasiões, cabe ao professor saber defender a instituição sem se opor ao cliente e escutá-lo quando ele tiver uma crítica real e fundamentada, retransmitindo-a de forma clara e precisa para a coordenação, dando condições para que os administradores possam solucionar a questão sem perda de tempo.

É triste ouvir certas frases de um professor... mas situações como as que seguem realmente ocorrem e causam sérios prejuízos... sempre!

- "Esse assunto você resolve com a secretaria. Não sou paga pra isso!"
- "Este material é ruim mesmo... Mas quem escolheu foi a coordenação e eu não posso fazer nada... Só estou aqui cumprindo o meu dever."
- "Ai, meu filho! Fizeram errado seu teste de nivelamento. Você terá que voltar dois períodos!"
- "Parem de reclamar e vamos continuar com a aula, pois vocês estão pagando um absurdo por este curso!"
- "Tenho que correr com a matéria, senão o coordenador me mata... Em casa vocês fazem da página 67 à 79 pra ganharmos tempo, o.k.?"
- "Se vocês se organizarem e forem até a coordenação reclamar, eles trocam rapidinho essas cadeiras duras e horrorosas."

• "Se você está com dificuldades, tem que estudar em casa, pois dentro de sala eu não tenho como dar atenção só pra você; não podemos prejudicar os outros!"

• "Nem adianta ir reclamar com a diretora, pois ela só quer saber de viajar. Também... com a fortuna que lucra aqui!"

Essas frases demonstram uma postura totalmente incorreta, denotando insatisfação ou frustração, e são muito prejudiciais para a empresa. Essa postura do professor desestimula o aluno a fazer propaganda positiva, a obtenção de mais alunos e a melhora dos resultados — o que, em parte, poderia se reverter para o próprio professor.

O envolvimento total do professor é muito importante. Ele deverá conhecer inclusive os processos de captação e retenção de alunos, para que não somente se sinta parte da equipe, mas contribua de forma efetiva para o sucesso da instituição. O professor deve estar consciente de que faz parte de uma empresa que necessita sobreviver e que foi criada para dar lucro através da venda de serviços; nesse contexto, sua competência técnica é um meio e não um fim.

Ele tem de surpreender constantemente o aluno com inovações na forma de ensinar. Precisa atuar como o jardineiro que aduba e cultiva a muda que brota, mas também corta a erva daninha pela raiz quando ela ainda está se formando, destruindo qualquer imagem ruim antes que ela ganhe força.

O professor deverá criar em sala um ambiente motivador, no qual forneça um ensino personalizado, focado na necessidade de cada indivíduo. Deve realmente ajudar a resolver os problemas que porventura surjam, tendo a consciência de que se um aluno tem um problema, o problema também é seu. Ele precisa aprender a cativar o aluno, estimulando sua vinda à escola e agregando prazer à aula; deve lutar para reter alunos, brigar por economia e pela preservação dos bens materiais da empresa. Tem de ser apaixonado pelo que faz, externando seu entusiasmo e contagiando os que o cercam.

Aquele professor que é tecnicamente perfeito e tem boa didática deve também dar importância para a percepção do aluno sobre seu aprendizado: o cliente deve enxergar os resultados que estão obtendo com o investimento feito. É muito importante que o aluno perceba a sua evolução e que qualquer dúvida sobre a efetividade do ensino seja tratada com a maior seriedade possível, com explicações técnicas plausíveis e pertinentes.

Devemos facilitar a percepção de qualidade do serviço prestado, reforçar os resultados positivos e os avanços lingüísticos alcançados. Para tanto, o professor poderá apresentar situações em que o aluno utilize os conhecimentos adquiridos, tornando possível ao próprio aluno dimensionar sua evolução.

Também não podemos duvidar do poder de uma boa avaliação de desempenho. O professor deve realizar auto-avaliações constantes e ser também avaliado por seus alunos, pela coordenação e, em alguns casos, pela direção da empresa. Para que possamos avaliar o desempenho do professor, não precisamos sair fazendo perguntas sobre a aquisição de conhecimentos para uma criança de quatro anos de idade, nem passar questionários complexos para alunos muito jovens... isso é muito chato! Devem-se criar situações que induzam os alunos a uma análise daquilo que já aprenderam, de maneira informal e bem leve.

Quanto à avaliação da coordenação e, em alguns casos, da diretoria, é primordial a existência de uma avaliação pedagógico-comportamental, formal e periódica, para discussão dos pontos fortes e das oportunidades de melhora de desempenho. Esse momento servirá também para que o professor exponha suas opiniões, dúvidas, anseios e restrições.

O professor precisa manter-se constantemente atualizado, seja através de estudos, pesquisas e leituras ou através de freqüência a congressos e seminários. Trocar experiências com colegas é algo extremamente enriquecedor e deve ser estimulado. O professor precisa, acima de tudo, querer melhorar sempre; não pode nunca adotar a postura de quem sabe tudo, ir para um treinamento apenas "porque foi mandado" ou ainda com aquela idéia mesquinha de "testar o palestrante". Ele deve estar com o espírito aberto para reforçar o que já sabe, escutar outros pontos de vista sobre temas que sejam até mesmo "batidos" e aprender coisas novas.

Você realmente entende seus alunos? Esse passo certamente é fundamental para o sucesso!

No relacionamento professor-aluno, devemos estudar caso a caso a melhor maneira de otimizar o diálogo, para que necessidades individuais e expectativas sejam identificadas e possamos fornecer apoio e esclarecimentos, maximizando resultados. O professor deve estimular uma atmosfera positiva, em que os alunos ganhem confiança e respeito. O clima em sala de aula não deve ser de opressão: o aluno deve participar e sentir-se parte importante do processo de aprendizado.

É fundamental que sempre analisemos nossos alunos de forma holística; afinal, o aluno não é um receptáculo vazio que deverá ser preenchido pela sabedoria inquestionável do mestre. Ele chega à escola com uma "teoria do mundo", construída a partir de seu nascimento, e a nossa compreensão dessa "teoria" pode nos levar a planejar mais adequadamente as condições para orientar e facilitar o aprendizado. Por isso, esforce-se em conhecer a história de seus alunos, seus desejos, expectativas, hobbies e gostos.

Durante os primeiros passos em um novo mundo — o mundo do conhecimento —, os alunos se mostram ansiosos e, muitas vezes, não conseguem lidar muito bem com tanta curiosidade. Vale analisar o que se esconde por trás de olhinhos tão ávidos... E não apenas isso: ouça seus alunos e descubra seus interesses; explore seu próprio potencial e o dos seus alunos. Torne sua sala de aula um terreno 100% fértil para bons resultados.

Nesse sentido, é fundamental que o professor esteja atento aos aspectos do desenvolvimento humano, uma vez que as necessidades se modificam de acordo com a faixa etária.

Quando falamos em crianças, por exemplo, logo pensamos em coisas bem coloridas e atrativas. Como possuem dificuldades para se concentrar por muito tempo e entender conceitos abstratos, nossas aulas precisam ser muito criativas, variadas e dinâmicas. Uma criança de oito anos de idade consegue se concentrar em uma determinada tarefa por cerca de cinco minutos. Após esse tempo, seu interesse e sua concentração diminuem — sinal de que é chegada a hora de começar uma nova atividade.

Crianças aprendem melhor através da execução de tarefas, sentindo grande satisfação em jogos simples e entendendo o essencial, mesmo sem compreender todas as palavras. Por isso, devemos usar e abusar de atividades que envolvam a coordenação motora e os movimentos físicos, além de elementos lúdicos. É muito interessante a forma com que experimentam todas as possibilidades sem o menor vestígio de temor. Crianças não têm medo de ousar e a autocensura nessa faixa etária não representa um inibidor da aprendizagem.

Por outro lado, quando chega a temida adolescência, tudo muda de figura... inclusive o humor! Certos dias, sorridentes e animados; em outros, reclamam de qualquer coisa. Não sabemos se devemos chamá-los de "aborrecentes", "bocejalentes" ou "adocelentes"! A verdade é que, nessa fase com características tão peculiares, a contestação e a rebeldia são constante em sala de aula.

Por mais que o professor tente inovar seus métodos, levando para sala de aula elementos do "co-*teen*-diano", sempre haverá um aluno com uma veia exibicionista muito apurada que dirá: "Ah, não! Isso de novo!" (inclusive para coisas que nunca fizeram!). O oposto também ocorre: há alunos que preferem a execução sumária a ter de se pronunciar perante o grupo. Como a necessidade de pertencer a um grupo é peça fundamental na vida do adolescente, ele tende a rejeitar tudo o que possa colocá-lo em situações ridículas ou suscitar críticas dos colegas.

Mas quem é o grande culpado de toda essa instabilidade? Alunos? Pais? Professores? Escola? Sistema? Na verdade, o perfil dos alunos tem mudado não a cada ano... mas a cada minuto! As transformações corporais e intelectuais têm sido estudadas de forma exaustiva, e pesquisas mostram que tais alterações não mais se restringem somente à fase da puberdade.

Inúmeros fatores contribuem para acelerar o desenvolvimento. Essa prolepse atinge inclusive as crianças, que, expostas a uma variedade de estímulos e a uma educação mais liberal, apresentam alterações em seu desenvolvimento mental, emocional e psicomotor. Os adolescentes, por sua vez, têm acesso a informações pouco ou nada adequadas à idade e não se sentem atraídos por muito do que é proposto em sala de aula, chegando a classificar tarefas como bobas, inúteis ou sem propósito...

A inocência e o imaginário infantis têm sido afetados de forma incisiva e precocemente eliminados. O mundo da fantasia cede espaço ao mundo real e tecnológico. O raciocínio se torna mais rápido e complexo, e o interesse se volta para desafios cada vez mais intensos. O senso crítico se torna cada vez mais aguçado... e subitamente eles se tornam adolescentes!

> Se você pedir a alguém uma "receita para produzir um adolescente", poderá encontrar como ingredientes rebeldia, agressividade e distração constante. E a ordem dos ingredientes não altera o produto final, pois adolescente não tem jeito mesmo!

Você concorda com isso?

Brincadeirinhas à parte, é fato que, embora esses ingredientes estejam presentes em maior ou menor escala, não devemos simplesmente rotular nossos alunos nem considerá-los casos perdidos. Há explicações científicas para o fenômeno da adolescência e todos os aspectos que o permeiam. Entre os 12 e 19 anos, o indivíduo passa por uma reorganização cerebral, uma verdadeira revolução que causa modificações expressivas, principalmente no lobo frontal. Essa região representa o ponto de encontro da razão com a emoção, e é o setor responsável por nossa capacidade de planejar o futuro.

Os alunos questionam tanto a necessidade como a validade de aprender, e para muitos o aprendizado representa um processo difícil e doloroso. Adolescentes sentem necessidade de testar limites e estabelecer novos parâmetros de poder e liberdade. Uma interação positiva e frutífera pode ocorrer quando o professor demonstra interesse nos alunos como pessoas e promove um ambiente de aula sem estresse, estabelecendo um clima de confiança e encorajador.

Entre os adultos, por fim, temos uma tribo bem diferente: os executivos. Quando atendemos às empresas, dando aulas a alunos que são executivos, precisamos ter em mente que eles não estão nos procurando porque amam idiomas estrangeiros. Eles precisam desenvolver ferramentas rápidas e precisas de comunicação para fechar negócios ou para competir por uma vaga melhor com o colega que já fala o idioma.

Devemos atuar como consultores que vendem "soluções em idiomas". Executivos não querem aulas: querem soluções, ferramentas para lidar com as necessidades lingüísticas impostas pelo dia-a-dia, tudo isso dentro de uma proposta prática e eficaz. Para isso, não existe receita pronta, mas alguns pontos devem ser considerados para que a instituição se prepare de forma eficiente para atender a esse tipo de cliente:

- Eles sabem que são alunos que necessitam de serviços diferenciados, pagam por isso e exigem ser tratados de acordo.
- Executivos geralmente apreciam quando os objetivos são colocados de forma clara e as aulas seguem um ritmo rápido, abordando tópicos e aspectos relacionados a sua área de atuação.
- Esses alunos sentem necessidade de *feedback* constante do aprendizado, e sempre solicitam uma aplicação prática do que é visto em sala de aula. Na verdade, querem aprender e praticar fazendo negócios, e não somente falar sobre eles.
- As aulas não precisam ser sérias a ponto de se tornarem tediosas... Existe espaço para senso de humor, para combater o estresse do dia-a-dia e promover atividades mais descontraídas (até mesmo jogos educativos!), desde que sejam úteis do ponto de vista pedagógico e sejam coerentes com o propósito do curso.
- É bastante válido inserir tópicos que sejam do interesse particular do executivo, pois nesses momentos da aula ele pode se desligar um pouco e se desarmar na batalha do mundo dos negócios.

Na área de ensino para executivos, o mais importante é tentar conciliar os objetivos e as necessidades dos alunos com o método e o projeto pedagógico adotados, de forma clara e profissional.

Ora, mas o que tudo isso tem a ver com marketing?! Tudo! Quando falamos em marketing aplicado a instituições de ensino, encontramos o *relacionamento* como peça fundamental para o sucesso.

O que dissemos até aqui pode parecer utópico ou difícil de ser posto em prática. No entanto, temos constatado que muitos professores, em situações totalmente distintas, têm alcançado patamares de sucesso cada vez mais elevados tendo o relacionamento como base de atuação.

Mas como realizar essa façanha? Um bom começo é tentar correlacionar programas, conteúdos e o planejamento das aulas aos interesses externos dos alunos, fazendo com que se tornem mais acessíveis, lógicos e interessantes. Estimular a curiosidade em relação ao mundo também é muito positivo, e a exploração de aspectos de várias realidades pode gerar níveis de interesse e aprendizado bastante consistentes.

Um exemplo: adolescentes respondem muito positivamente a estímulos visuais. Logo, recursos como fotografias, ilustrações e filmes devem ser incorporados à prática pedagógica diária, de modo a suscitar raciocínio, discussão e intercâmbio de opiniões. Contudo, não se esqueça de que os adolescentes tendem a esquecer rapidamente conteúdos que não são reciclados. Por isso, as atividades devem ser desafiantes, promovendo e encorajando descobertas, mas não devem envolver análise excessiva de algum tópico ou problema, pois os adolescentes tendem a "desligar seus cérebros"...

Devemos atrair, surpreender e desafiar os jovens alunos, mas sem exageros. Uma boa saída é explorar tanto o potencial de cada um como as necessidades e anseios da coletividade. Por exemplo, se o professor quiser trabalhar um aspecto gramatical em uma música, por que não adequar a tarefa ao gosto dos alunos? Se ao apresentar a versão original e antiga de uma canção você perceber que o caos está prestes a se instalar em sua sala de aula, por que não realizar o mesmo exercício com uma versão mais moderna? Outra alternativa é criar uma atividade tão dinâmica que o foco dos alunos migre da reclamação em relação à "música de velho" (e as conseqüentes "risadinhas") para a superação do desafio imposto pela tarefa.

Como podemos perceber, a personalização de conteúdos deve ser considerada na preparação de cada aula. Além disso, não podemos nos esquecer da grande importância do vínculo professor-aluno. A necessidade que o adolescente possui de confiar e de se identificar com o professor é imensa. Utilize essa ferramenta para promover a afinidade que conduz ao encantamento e ao sucesso. Tudo isso é marketing de relacionamento!

Analisemos juntos o caso a seguir.

Thelúrico Francisco Lopes é um jovem de 16 anos, órfão de pai e filho de mãe superprotetora. Desde a morte do pai, a mãe de Theo (como gosta de ser chamado) tenta suprir todas as suas necessidades, principalmente as materiais. Além de freqüentar uma boa escola, ele faz ginástica na melhor academia do bairro, só anda com roupas de marca e com seu celular moderníssimo na cintura.

Por ser um rapaz muito bonito, garotas nunca faltaram. Não obstante, ele adota uma postura debochada para com todos. Vive sendo expulso de sala de aula e levando advertências. A mãe sempre releva, dizendo que isso é influência da falta da figura paterna. Tentou por várias vezes levá-lo a tratamento psicológico, o que ele rejeita com veemência. Apesar do comportamento de *bad boy*, ele tem muitos colegas (não amigos) e seu rendimento escolar tem sido satisfatório. Certa vez demonstrou dificuldades com língua inglesa e, como o vestibular está se aproximando, foi matriculado contra a sua vontade no curso de inglês mais próximo (ele preferia passar a tarde toda malhando na academia a ter de aprender o verbo *to be*).

Primeiro dia de aula. Ele se arruma todo e vai para o curso. Carregou no perfume, pois queria marcar logo presença com as gatinhas da sala. Entra com o seu jeito debochado e vai logo tratando de puxar conversa com a loirinha ao lado. A aula é o que menos importa e a professora, um entrave que precisa ser posto de lado! Ela chama a atenção dele, mas ele é enfático: "Ô 'fessora, se mete comigo não, falô? Só tô aqui porque a velha me botou. Mas logo, logo ela vê que tá jogando dinheiro fora e me tira... Aí a senhora vai ter descanso. Por enquanto...".

Parte da turma sacudiu a cabeça em tom de desaprovação. Outros sorriram, pois aquilo com certeza ainda renderia boas gargalhadas. (E você, o que acha? Que atitude tomaria se fosse a professora?)

Os dias foram se passando, o comportamento de Theo só piorava e o rendimento da turma ia por água abaixo. Ele atrapalhava a aula toda e ninguém entendia nada. A professora estava preocupada, mas não ousava pedir auxílio à coordenação. Seria demonstrar fraqueza. Logo ela, formada pela melhor universidade e com passagem por tantos cursos de aperfeiçoamento, inclusive no exterior... Resolveu adotar mão-de-ferro para conduzir a turma. Punições e grosserias eram freqüentes. Alguns alunos pediram transferência, alegando incompatibilidade de horário. Para que dizer a verdade? Poderiam cair em uma turma sua no futuro e aí já viu!

Certo dia, durante uma aula de revisão, a professora ordenou que Thelúrico (a quem só chamava assim, pois descobrira que o garoto o odiava) lesse em voz alta um longo trecho do livro, mesmo sabendo de suas dificuldades (ele era um pouco gago). Afinal de contas, era uma excelente ocasião para colocá-lo no seu devido lugar!

O que você acha que aconteceu?

Após gaguejar, errar e ser mais uma vez motivo de risada, tanto da parte dos colegas como da própria professora, Theo se levanta e sai da sala. Vai para o banheiro, onde chora por uns dez minutos. Se dirige até a secretaria , onde pede o cancelamento de sua matrícula.

Como era menor de idade, somente sua mãe poderia efetivar o cancelamento. No entanto, a secretária já estava executando os tramites burocráticos para o cancelamento (sem se preocupar com a resolução do problema daquele cliente, sem se importar com os índices da escola).

A coordenadora, ao passar no corredor, viu o que estava acontecendo e tomou ciência do caso. Ela convida Theo até a sua sala, mas ele rejeita o convite, pois já havia criado uma memória negativa contra a empresa, achando que todos os seus membros o tratariam com escárnio. Após muito trabalho de persuasão, ele cede. Conversam por mais de uma hora. Ele conta a sua história de vida e tudo que vinha acontecendo em sala, falando que não quer mais aprender inglês, pois tem "ódio da língua". Além disso, tem dificuldades com a pronúncia. A coordenadora sugere uma experiência: que ele se dê uma chance de aprender e dê a ela uma chance de mostrar que as coisas podem ser diferentes.

Na semana seguinte, Theo começa a freqüentar uma nova turma e a ter reforço no laboratório. Não está muito certo se deve ceder, mas a coordenadora foi tão atenciosa com ele! Ela o ouviu! Não o rotulou como marginal ou como um problema. Gastou seu tempo com ele, ouviu seus anseios e suas experiências anteriores.

Na nova turma, ninguém sabia de seu caso. A nova professora tinha como hábito conhecer a história de cada aluno de antemão e obteve recursos para saber como lidar com o novo aluno. Atualmente, Theo continua no curso e é um aluno com rendimento satisfatório e comportamento adequado. Em razão do que conta para seus colegas de academia e prédio (que naquele curso o tratam com respeito e ele realmente sente que está aprendendo), mais de cinco novas matrículas já foram feitas.

Apesar de ser fruto da ficção, a estória reflete o dia-a-dia de muitas instituições e de muitos "Theos". Quantos alunos foram perdidos ou nem chegaram a fazer matrícula em função de uma experiência desagradável que eles mesmos ou pessoas conhecidas tiveram?

A primeira professora da estória não se preocupou em tentar conhecer o aluno e suas necessidades — basicamente um pouco de atenção e carinho. Ela estava com medo de admitir que necessitava de ajuda para esse caso, não queria descer do seu pedestal de orgulho e isso quase custou não apenas uma matrícula, mas a criação de um agente de propaganda negativa que poderia gerar custos e perdas muito maiores.

E o adolescente finalmente cresceu?

Na fase adulta, encontramos um aprendizado permeado por inúmeras variáveis. O ato de aprender, para o adulto, tem uma carga valorativa muito forte. Não raro, encontramos em sala de aula adultos que se comportam como ou pior que adolescentes!

Muitos questionamentos surgem:

- O que estudar?
- Por que estudar?

- Como estudar?
- Qual o impacto disso em minha vida?
- Em que eu poderia gastar esse dinheiro? E esse tempo? Em diversão? Com meus filhos? Com minha namorada?

Um quesito muito importante que se coloca é a motivação. Devemos sempre nos perguntar e avaliar em relação a nossos alunos:

- O que constitui motivação para o aprendizado na idade adulta?
- Quais os interesses, necessidades e desejos envolvidos?
- Qual o papel do professor nesse processo?

Sabemos que a motivação é algo intrínseco e muito relativo: o que pode representar um elemento motivador para uma pessoa pode ser totalmente desmotivador para outra! Além disso, não conseguimos simplesmente "motivar" o aluno: motivação não vem em comprimidos ou na forma de um raio luminoso que projetamos sobre o aluno e surte efeito imediato. A motivação deve vir da própria pessoa. Nosso papel, então, é o de fomentar condições propícias para que isso ocorra.

Para obter sucesso no ensino de adultos, a flexibilidade, a criatividade e a negociação são alguns dos fatores mais importantes. Cozinheiros experientes sabem que a adaptação das receitas ao seu próprio gosto ou ao gosto do freguês constitui uma das variáveis para o sucesso dos pratos. O mesmo ocorre no ensino! Adaptar nosso planejamento de aulas ao perfil dos alunos é de importância fundamental para o aprendizado, a retenção de alunos e o sucesso da empresa. Logo, é preciso personalizar e contextualizar os conteúdos — tudo deve girar em torno dos desejos, interesses e necessidades de nossos alunos.

Mas como descobrir quais são esses desejos, interesses e necessidades?

As necessidades não podem ser definidas como aquilo que o aluno acha que precisa aprender ou aquilo que o professor considera necessário que o aluno aprenda. Elas envolvem o grau atual de conhecimento do aluno e o estabelecimento de “onde” queremos chegar. São, portanto, amplamente afetadas por um conjunto de crenças e valores adquiridos ao longo da vida.

É também importante considerar que muitas vezes o aluno assume uma postura de profundo conhecedor de pedagogia e metodologia, buscando definir planos de curso impraticáveis, fora da realidade. Também faz parte da função do professor administrar esse tipo de expectativa, esclarecendo o aluno e buscando atingir um meio-termo, adaptando o que é correto e viável àquilo que é desejado.

As escolhas não envolvem apenas os conteúdos didáticos, mas o posicionamento dos alunos em relação ao aprendizado e às condições apresentadas. Precisamos, assim, estar muito atentos e ter uma percepção muito aguçada em relação aos nossos alunos, seu perfil, seus sonhos e necessidades. Também é preciso conscientizá-los de que aquilo que eles colocam como necessário pode não coincidir com a realidade, com aquilo de que realmente precisam. Nem sempre o que alguém sonha ou deseja é aquilo de que realmente necessita.

Um relacionamento claro e próximo com nossos alunos nos permite analisar suas necessidades, possibilitando uma reavaliação constante dos programas de ensino. Com isso, orientamos adequadamente os cursos e alcançamos a satisfação através de um serviço bem prestado e eficaz.

Talvez você esteja se perguntando: “Mas só o professor tem obrigações e intermináveis listas do que deve fazer?! Existe professor perfeito?”. Ora, a perfeição é muito relativa e depende do grau de expectativa em relação à tarefa, tanto da parte do professor quanto do aluno. Certa vez, uma professora nos disse: “Ah, eu já desisti... A turma da tarde é muito fraca... não entendem nada que eu explico! Já a turma da manhã entende tudo sem maiores dificuldades... e olha que eu explico do mesmo jeito! Eu tento ser perfeita, mas...”. Evidentemente, trata-se de um desabafo. De qualquer forma, o fato é que a professora não havia atentado para dois fatores de grande importância:

- Nem sempre seus alunos vêem aquilo que você está vendo ou entendem as coisas da mesma forma.
- Perfeição é algo muito relativo. Existem diferentes tipos de professor e diferentes papéis dentro dessa função.

Sabemos que a arte de ser professor abrange várias dimensões e papéis. Vamos conversar sobre alguns deles?

O professor vendedor

Muitos se assustam quando ouvem as expressões "professor-vendedor" e "professor-divulgador", mas essa realidade é fato! O aspecto consultivo do trabalho de professor se torna cada vez mais visível. O professor também atua como vendedor quando está em sala de aula. Reflita por um instante e responda: o que você vende para seus alunos?

As respostas são inúmeras: vendemos a possibilidade de conhecerem coisas interessantes, solucionarem problemas, exercerem sua criatividade... mas devemos vender principalmente um ambiente e situações promotoras de *felicidade*! O prazer de adquirir novos conhecimentos e crescer a cada dia deve ser trabalhado em aula.

> Devemos ter em nossas mentes, claro como cristal, que o aluno só permanece no curso quando se sente feliz!

Portanto, devemos perseguir a excelência a cada aula. Não adianta ser "meio bom" ou fazer "quase tudo certo". Ser normal não serve: você tem de buscar resultados cada vez melhores, diariamente, e cada aula tem de ser *sensacional*! Lembre-se: sucesso é algo que você constrói e aprimora todos os dias.

Aprenda constantemente através de palestras, treinamentos, pesquisas na internet, conversando com colegas, trocando experiências, lendo... Use sua criatividade: insira em seu programa pedagógico momentos de descontração, nos quais aos alunos possam fugir dos problemas diários, tanto pessoais como profissionais. Promova aulas memoráveis, alimentando em seus alunos um desejo crescente de retornar e participar de suas próximas aulas.

O professor criativo

Você tem sido criativo em sala de aula? O fato é que todos nós nascemos criativos, mas a criatividade precisa ser exercitada!

Aulas criativas sempre são interessantes para professores e alunos, pois dão um "gostinho especial" ao aprendizado. Muitos professores não gostam de inovar, alegando que adotam há muito tempo a mesma prática pedagógica, com a qual sempre obtiveram bons resultados. Preferem conservar as mesmas técnicas e procedimentos de vinte anos atrás, em vez de inovar. Não buscam recursos atualizados, não pesquisam em livros recentes, não acessam a internet... Assim, deixam de adquirir uma série de conhecimentos e de ter idéias que poderiam modificar sua prática pedagógica, representando ganhos tanto para os alunos como para eles mesmos.

É importante estar sempre atento às novidades do mercado educacional e fornecer o que interessa aos nossos alunos. Para isso, é crucial conhecê-los: aspectos como idade, nível sociocultural, interesses, *background* e perspectivas futuras servem para nortear a preparação de aulas e atividades. Nesse âmbito, muitos professores reclamam do fato de que suas turmas iniciantes são um tanto heterogêneas e que isso dificulta o andamento das aulas. Quanto a essa questão, só há uma certeza: todas as turmas são heterogêneas! Por quê? Porque os alunos possuem diferentes modos e velocidades de aprendizado, diferentes atitudes em relação aos estudos e diferentes níveis de motivação.

Mas como lidar com esses grupos?

Tudo fica mais fácil com a simplificação de tarefas. Ao elaborar exercícios e atividades, lembre-se sempre de inserir níveis diferentes de dificuldade, permitindo assim que todos os alunos tenham a oportunidade de obter sucesso. Privilegie os trabalhos feitos em grupo e em pares, monitorando e dando *feedback* ao longo da execução.

Ao planejar suas aulas, considere sempre os seguintes fatores:

- Alunos (idade, nível, interesses, objetivos e dificuldades).
- Conteúdo a ser ministrado e técnicas a serem adotadas (lembre-se de variar as técnicas com a finalidade de atingir os diferentes tipos de aluno presentes em sala).

É sempre bom lembrar que as aulas, além dos passos básicos que fornecem uma seqüência lógica de aprendizado, devem ter coerência, direcionamento e ritmo, devendo ser totalmente balanceadas.

Outro ponto a se considerar é a confecção do plano de aula. Muitos professores são contrários à elaboração de planos. Isso é muito preocupante, uma vez que, ao pensar no que fará em aula e transportar suas idéias para o papel, o professor pode antecipar possíveis dificuldades dos alunos e incorporar soluções práticas. Isso significa planejar para o sucesso!

Para dar apoio a esse planejamento, é interessante que a instituição disponibilize um "manual do professor". Esse manual poderá conter uma série de informações úteis como dicas, textos, sugestões de literatura e sites na internet, testes, planejamento, sugestões de atividades e poderá surpreender o professor ao facilitar seu trabalho de forma consistente e criativa. Nenhum professor, por mais experiente que seja, deixará de agregar informações úteis ao consultar um manual destinado a ele.

Nossos alunos podem até não comentar, mas sentem quando a aula não foi bem planejada. Aquecimento, introdução, apresentação de conteúdos, prática, produção e extensão/aplicação dos conhecimentos adquiridos deverão ser etapas presentes em cada aula. Além disso, o professor sempre deverá destacar, através de exemplos e da sua habilidade em estimular o grupo dentro de situações práticas, que seus alunos estão adquirindo conhecimentos relevantes no novo idioma, atendendo às suas expectativas iniciais.

E, vale reforçar, é necessário sempre praticar! A prática leva não só à perfeição, mas à consistência e à retenção do aprendizado.

O professor competente

Você está convidado para um momento de reflexão. Seja honesto consigo mesmo e responda: você se considera competente?

> A competência também é um conceito bastante relativo: o que pode ser sinônimo de competência para uma pessoa pode representar o oposto para outra.

Há professores que, além de se orgulhar de sua profissão, transmitem uma energia impressionante e, mais que isso, empolgante. Enquanto muitos retornam às aulas do segundo semestre reclamando que estão cansados ao extremo e que o fim do ano não chega, há outros que, além de desempenhar seu papel com alegre maestria, já planejam modificações para o próximo ano. Iniciam a análise de materiais didáticos e analisam as mais recentes descobertas psicopedagógicas em busca de novidades que agreguem qualidade a suas aulas, beneficiando ainda mais seus alunos.

Enquanto alguns, irritados, se limitam a "empurrar" o resto do semestre, outros demonstram real entusiasmo, que faz seus olhos faiscarem a cada nova idéia que surge, contagiando os demais. De um lado, professores preocupados em terminar o livro; de outro lado, professores interessados no aprendizado dos alunos.

Bons professores podem ser encontrados em muitos lugares. Professores memoráveis são mais raros! Pense em um professor que marcou a sua história e do qual você nunca se esquecerá... foi fácil? Tomara que sim...

Muitos professores não têm uma noção clara da influência que exercem sobre seus alunos. De fato, é algo difícil de mensurar, mas temos de admitir: o papel que exercemos é de importância única na vida de muitos alunos. Devemos ter sempre isso em mente — nos esforcemos para que essa influência tenda sempre para o lado positivo!

Pense nas qualidades que você atribuiria a um professor classificado como "inesquecível". Agora pense nas qualidades que seus alunos atribuiriam a você, caso a mesma pergunta fosse formulada a eles. As respostas são semelhantes?

Temos, aqui, o papel fundamental da percepção na avaliação docente. Professores poderiam atribuir qualidades como comprometimento e competência técnica. Já alunos poderiam ressaltar simpatia, senso de humor, entusiasmo, disponibilidade, abertura para abordar outros assuntos... Esses são alguns dos fatores que poderiam ser eleitos como qualidades imprescindíveis para o professor que habitará para sempre suas mentes. Se quisermos enumerar ingredientes básicos para uma "fórmula de professor perfeito", poderemos incluir todas as qualidades supracitadas, mas faltará uma: o *entusiasmo*! E esta última qualidade não pode ser simulada ou forçada: ela faz parte da personalidade.

O professor deve ousar, ser criativo, destruir antigos paradigmas e acompanhar a evolução do mundo, dividindo com a gestão administrativa suas dúvidas e suas vitórias. Deve empenhar-se ao máximo em passar uma imagem de organização, segurança e credibilidade. Os cuidados não devem ficar só na aparência, mas principalmente na preparação de aulas, correção de tarefas/provas e sua devolução, preenchimento de diários de classe, boletins e contato com responsáveis.

Muito se fala sobre as diferenças tão marcantes entre os alunos que compõem nossas turmas heterogêneas. Devemos, contudo, lembrar que os professores também apresentam diferentes tipos de comportamento, reações e pontos de vista. Não obstante essas particularidades, cada professor deve ter sempre atitude positiva, presença marcante e entusiasmo contagiante. Então, um convite para mais alguns questionamentos internos:

- Suas aulas são memoráveis?
- Você tem sido criativo e surpreendente?
- Você é considerado por seus alunos como um professor inesquecível?
- Qual a importância disso em sua vida?

O professor que não ficou parado no tempo

Não dá para negar que o processo de ensino-aprendizagem, as teorias e os métodos pedagógicos evoluem constantemente. Muitos professores, no entanto, passam a impressão de terem ficado parados no tempo... fossilizados...

O professor que evoluiu enfatiza o aprendizado e o conhecimento dentro de uma perspectiva dinâmica. Ele troca o autoritarismo pela autoridade conquistada e não enxerga o aprendizado como um produto final, mas como um processo contínuo, aliando teoria e prática. Ao avaliar, não procura somente erros e falhas, mas elementos que sirvam para modificação de conceitos e sirvam de apoio motivacional para o crescimento.

O professor que evolui constantemente é um mediador do processo, um facilitador. Utiliza a tecnologia e não tem medo de explorar seus usos, sem contudo tornar-se um "cibermaníaco". Em tempos de alunos conectados 24 horas por dia, o professor não pode cair no erro de evitar a presença da tecnologia em sala de aula. Reflita e responda honestamente: quais tipos de tecnologia você utiliza em suas aulas? Livros didáticos, CDs, fitas VHS, quadro branco e retroprojetor não são mais novidade nem "enchem os olhos" dos alunos...

Permita-se inovar e implemente projetos que utilizem a internet. Busque novas opções e atividades suplementares em sites voltados para o ensino. Dê asas a sua criatividade, utilizado CD-ROMs, DVDs, DVD-ROMs, internet, e-mails e apresentações de slides (PowerPoint) de maneira consciente e proveitosa. Não é porque um curso é pequeno que ele não irá primar pela excelência; não é porque um curso é grande e bem equipado que não precisa se preocupar com a criatividade no uso dos recursos.

Precisamos estar atentos, em nossa instituição, ao uso de laboratórios multimídia (com ou sem acesso à internet). Em tempos de *hackers*, vírus, câmeras digitais e comunidades virtuais, cuidados adicionais são mais que necessários. Não basta montar um laboratório com computadores de última geração e deixar que os alunos o utilizem sem acompanhamento, de forma descontrolada. Limites de uso precisam ser estabelecidos de forma clara e consciente.

Por outro lado, lance mão de atrativos para evitar que o laboratório fique abandonado e o valor empregado em sua montagem seja desperdiçado. Isso poderá ser feito através da concessão de tíquetes a cada uso, que poderão futuramente ser trocados por brindes ou descontos, atribuição de pontos extras a serem somados a notas de provas ou horas de laboratório a serem discriminadas no certificado.

Esse laboratório pode receber vários nomes diferentes: Lab, MultimidiaLab, SAC – Self Access Centre, ou até mesmo Cyberspace. Nele, o aluno deverá encontrar opções variadas de atividades que reflitam e consolidem o que ele está aprendendo em sala de aula, permitindo a ele utilizar os conteúdo de forma autônoma. Com isso, ele terá não só adquirido novos conhecimentos, mas terá empregado suas novas competências e habilidades em atividades nas quais ele obtém sucesso. Nesse sentido, acompanhamento e incentivo são fundamentais.

A utilização do laboratório por parte do professor também constitui uma iniciativa muito positiva. Ele poderá desenvolver novas idéias, aprimorar e atualizar conhecimentos através de sites especializados... e crescer cada vez mais! O professor que não ficou parado no tempo é, acima de tudo, um mestre que aprende a cada dia, não só com todas as ferramentas que tem à disposição, mas principalmente através da interação com seus alunos.

O professor do futuro

> Não são os mais fortes da espécie que sobrevivem, nem os mais inteligentes, e sim os que respondem melhor às mudanças. (Charles Darwin)

É necessário transformar nossas instituições de ensino em instituições de aprendizado, em que nossos alunos aprendam de várias formas, e não somente dentro das quatro paredes da escola. A dinamização e a modernização das aulas mediante o uso de tecnologias se fazem cada vez mais indispensáveis. Não podemos mais ficar no famoso — porém antiquado — "cuspe e giz". Para muitos, o acesso às novas ferramentas digitais é tão somente um luxo; contudo, se queremos que nosso negócio sobreviva, seja competitivo e cresça, não podemos virar as costas para essa realidade: o mundo digital!

Várias possibilidades já são realidade: uso de CD-ROMs, DVDs, DVD-ROMs, livros de exercícios em CD-ROMs autocorrigíveis, envio de tarefas e chaves de respostas por e-mail, aulas à distância via *chat* ou com sistemas de envio de voz pela internet. O *e-learning*, em complemento às aulas presenciais, representa ganhos expressivos tanto em número de alunos como em resultados de aprendizado.

Ao diversificar nossa oferta, abrimos novas janelas de oportunidade. Não podemos negar que grande parte dos alunos se sente atraída por experiências virtuais de aprendizado, que, além de interessantes, permitem que cada um aprenda do seu jeito e no seu ritmo.

Mas como competir com tanta tecnologia? Muitas vezes a impressão é a de que nossos alunos não se interessam por mais nada! Temos de exercitar a criatividade e implementar aulas atrativas, com variedade de técnicas e materiais, estabelecendo um *rapport* positivo com os alunos. Sem dúvida, o professor constitui peça fundamental no processo.

Muitos dizem: "Não sei mais como lidar com meus alunos" ou "No meu tempo não era assim... Preciso impor limites, custe o que custar!". Esses desabafos lhe parecem familiares? Cuidado, pois essa linha de pensamento poderá custar seus alunos, seu emprego e até mesmo sua escola!

É evidente que precisamos colocar alguns limites, em especial quando se trata do acesso dos alunos, nos laboratórios multimídia da escola, a conteúdos disponíveis na internet — o monitoramento deve ser constante. Nossos alunos são muito criativos e às vezes exercem essa criatividade de forma exacerbada, em função da liberdade que lhes é concedida. Chegam algumas vezes a ser cruéis, como na estória a seguir:

Raphaella é uma menina de sete anos que sempre se destacou pela inteligência e curiosidade. Por ser muito tímida, sente dificuldades em se relacionar com as outras crianças. Prefere assistir DVDs e "surfar" na internet a brincar no playground do prédio. Tanta pipoca e falta de exercício estão aumentando o peso de quem já nasceu gordinha.

Seu interesse pela língua inglesa surgiu ao assistir um DVD infantil que não trazia versão dublada para o português. Gostou tanto que passou a assistir aos DVDs primeiramente em português, e depois com som original em inglês. Pediu aos pais para ter aulas particulares de inglês.

Como o processo de socialização de Raphinha era claramente deficitário, os pais decidiram matricular a filha no curso de idiomas mais próximo, que além das aulas oferecia atividades extras com filmes, tardes especiais com recreação e jogos, além do laboratório multimídia.

Tudo parecia perfeito, até o dia em que Raphinha entrou na cozinha chorando desesperadamente. Havia descoberto que os colegas do curso haviam criado uma comunidade virtual relacionada a ela, cujo nome era "We hate Rapharopha!" ("Nós odiamos a Rapharopha!"). Na apresentação da comunidade, descreviam a menina como um ser bizarro, obeso, grotesco, com cheiro ruim, e convidavam colegas a se unir à campanha: "Let's kick Rapharopha!" ("Vamos chutar a Rapharopha!").

Estava explicado! Fazia mais de uma semana que todos tentavam chutá-la (muitos conseguiam!) e, quando passava, as gargalhadas eram constrangedoras. Isso acontecia também no prédio onde morava, pois um dos "autores da façanha" era seu vizinho e havia contado para todas as crianças do residencial.

O estrago estava feito! Raphaella não parava de chorar, não ia mais à escola, não ia mais ao curso, não saia mais de casa, não queria mais comer...

Os pais descobriram que a comunidade havia sido criada dentro do laboratório multimídia do curso de inglês, que permitia acesso livre, sem tarefas específicas a serem cumpridas e sem monitoramento para os alunos. Se houvesse maior acompanhamento, isso poderia ter sido evitado!

O caso ainda não foi concluído e resultou não somente num cancelamento de matrícula, mas num processo judicial e em várias horas de tratamento psicológico, ainda em andamento...

O professor emocionalmente inteligente

Você se considera emocionalmente inteligente, maduro e equilibrado? Essa é uma pergunta um tanto difícil de responder, ainda mais quando vivemos num mundo louco e estressante como este!

Cada professor exerce enorme influência sobre seus alunos e muitas vezes não nos damos conta disso. Como você se sente ao encontrar ex-alunos que dizem: "Você influenciou minhas escolhas, minha vida..."? É muito importante que os professores saibam quais são as idéias que estão reforçando em seus alunos e as conseqüências disso. Qualquer opinião emitida pode ter efeitos maravilhosos ou catastróficos!

A inteligência emocional (IE) tem sido uma das tônicas dos debates acadêmicos nos últimos tempos. Ter as chamadas *soft skills* tem figurado como um aspecto crucial e até mesmo como um diferencial do professor. Podemos definir as *soft skills* como valores pessoais aliados à habilidade interpessoal que algumas pessoas têm, permitindo a elas obter mais sucesso dentro de determinadas situações.

Em um mundo onde conhecimento técnico se torna cada vez mais compulsório, a habilidade de lidar com outras pessoas pode realmente constituir um diferencial importante. Por isso, é de grande importância que o professor procure manter sua saúde física e mental em ordem e permita-se atribuir graus de importância diferentes para as questões que surjam em seu cotidiano, resolvendo primeiramente as mais importantes, e as demais na seqüência.

Quando estamos desequilibrados, tendemos a supervalorizar problemas não muito importantes ou tratar como problemas sérios as questões que ainda não chegaram a esse ponto. Alunos percebem quando estamos desequilibrados e, dependendo do contexto, poderão ou tentar contribuir para a solução ou aumentar o caos já instalado. É praticamente impossível deixar todos os seus problemas na porta da sala de aula e iniciar a aula com um sorriso no rosto quando tudo parece estar indo por água abaixo. Contudo, não podemos perder a cabeça, pois, além de não resolver nossos problemas, essa atitude acabará gerando outros mais.

O professor emocionalmente maduro e equilibrado tem mais facilidade para lidar com essas questões, separando os assuntos e ambientes. Como geralmente conseguem manter bons relacionamentos, num caso de dificuldade as reações de colegas e alunos tendem a ser de apoio e cooperação, em vez de ataques e provocações.

O professor gestor

Já vimos que a era do professor 100% conteudista ficou para trás. Para ser considerado um bom professor, bastava ter conhecimento técnico sobre a disciplina e uma boa didática, planejar e ministrar as aulas com firmeza. Não importava muito o raciocínio, o desenvolvimento global e de habilidades no aluno... nem mesmo o senso crítico! Todo o "resto" era responsabilidade da coordenação e da direção da escola (esse "resto" engloba uma série de atividades primordiais para se alcançar o sucesso; hoje, sabemos que elas devem ser compartilhadas diariamente por todos os colaboradores da instituição).

Atualmente, a filosofia de uma instituição de ensino deve ser outra. O planejamento dos cursos e atividades, a definição de metodologia, a escolha de material didático e de novas tecnologias, o desenvolvimento de sistemas de avaliação de conteúdos e do nível de satisfação em relação aos serviços prestados se tornam processos muito mais completos e integrados à realidade da instituição quando pensados e formatados não somente pela coordenação e pela direção, mas por todos os envolvidos, que podem contribuir com diversos pontos de vista sobre uma mesma questão, agregando grande valor.

Surge, então, a figura do professor gestor, que não apenas cuida de sua sala de aula, mas contribui com entusiasmo em todos os processos da instituição. Esse professor possui não somente habilidades técnicas, mas habilidades emocionais bem desenvolvidas. Demonstra forte capacidade de exercer liderança e estabelecer relações interpessoais. Possui criatividade, auto-estima elevada e sabe realizar seu marketing pessoal, construindo uma imagem positiva tanto de si mesmo como da instituição.

Além disso, esse professor percebe a escola como um todo, não se restringindo a sua sala de aula. Busca atualizar-se constantemente e adota uma postura proativa na solução de questões e no encaminhamento de informações para a coordenação/direção. Colabora na captação e na retenção de alunos, pois tem consciência de que o sucesso envolve todos: para que ele possa ter sucesso em sala de aula, emprego e salário, a escola precisa ter alunos, bom funcionamento, boa imagem e lucratividade.

O professor gestor estimula o uso dos recursos disponíveis e estabelece conexão casa-escola. Em sala de aula ele propõe, em conjunto com os alunos, metas a serem alcançadas em determinados períodos; avalia coletivamente os resultados, validando o aprendizado e o serviço bem prestado.

O professor psicólogo

Todo professor acaba se envolvendo em algum momento com os dilemas e conflitos internos de seus alunos e precisa agir como ouvinte, conselheiro, terapeuta. Quem nunca se viu nesse papel, ao ser procurado por um aluno em franca crise, logo depois de uma aula? Muitos alunos adquirem confiança no professor e investem na relação como tábua de salvação.

Essa questão é muito séria e precisamos, mais do que nunca, estar preparados. Nunca se sabe o que os alunos podem nos trazer... Qualquer conselho errado pode mudar o rumo de uma vida, trazendo conseqüências irreversíveis.

Ao fazer uma analogia entre o professor e o terapeuta, Freud (1987) coloca: "(...) o educador, contudo, trabalha com um material que é plástico, aberto a toda impressão e tem de observar perante si mesmo a obrigação de não moldar a jovem mente de acordo com suas próprias idéias pessoais, mas antes segundo as disposições e possibilidades do educando".

A psicologia e a psicanálise contribuem muito para a compreensão do processo ensino-aprendizagem. O professor psicólogo lê com freqüência material especializado, busca compreender a psique humana e enxergar seus alunos com olhos isentos de preconceitos. Leia, participe de cursos, descubra mais sobre essa ciência tão apaixonante!

O professor como agente de marketing

Como vimos anteriormente, o papel do professor vai muito além de transmitir conhecimentos. Na verdade, ele é uma das grandes estrelas da escola, e um forte agente de marketing!

Sob um ponto de vista dinâmico e sem preconceitos, o professor pode e deve agir em prol do crescimento da escola, adotando estratégias de marketing e planejando seu trabalho à luz de seus pressupostos.

Pelo contato direto com os alunos, ele é a pessoa da escola mais apta a coletar informações sobre tendências e comportamentos, que podem ser usadas em sala de aula, para incrementar o negócio ou mesmo evitar desistências e perdas. Ele é capaz de propor modalidades de cursos ou ações de promoção que podem resultar em excelentes resultados.

Por que não participar de grupos de estudo, assistir palestras, fazer cursos e ler sobre marketing, essa área tão interessante? Certamente sua visão se tornará muito mais abrangente e seus resultados serão mais positivos. Experimente!

O material didático e sua função no marketing

Você ainda não deve ter parado para pensar nisto, mas o material didático é um aspecto fundamental no negócio de ensino de idiomas. Afinal, ele é responsável pela parte tangível desse tipo de serviço, podendo facilitar ou dificultar a entrada de um novo aluno. Por isso é tão importante — e mesmo polêmica — a tarefa de escolher o material didático, de acordo com suas possíveis formas de uso e comercialização.

Atualmente, encontramos no mercado uma infinidade de opções. Por isso, é imprescindível considerar, no momento de análise e escolha, uma série de variáveis:

- Proposta da coleção e adequação ao perfil dos seus alunos, ao posicionamento da instituição e aos programas de cursos.
- O preço dos livros está de acordo com o perfil de compra de meus alunos? Esse preço permite que a escola coloque uma margem de lucro para venda?
- Disponibilidade do material no Brasil e facilidade para adquiri-lo.
- Fase do material em seu ciclo de vida e possibilidade de novas edições, atualizações ou retirada do mercado. Uma vez que você invista na adoção de uma coleção, precisará utilizá-la por um de-

terminado tempo. Afinal de contas, toda mudança acarreta investimentos de tempo, energia e recursos financeiros, e não podemos ficar trocando de material a cada semestre.

- Suporte oferecido pela editora: atendimento, treinamentos, materiais extras, pacotes especiais e cortesia de material para uso do professor.
- Estrutura do material e componentes da coleção, que permitam a confecção de *packs* diferenciados para os diversos tipos de curso ou perfis de alunos.

Alguns exemplos de *packs*:

- Livro texto + Livro de exercícios + CD áudio.
- Livro texto + Livro de exercícios + CD-ROM.
- Livro texto + Livro de exercícios + DVD.
- Livro texto + Livro de exercícios + DVD-ROM.
- Livro texto + Livro de exercícios em CD-ROM.
- Dicionário + gramática.

As possibilidades são inúmeras. No ato da matrícula ou rematrícula, o cliente escolhe qual se encaixa melhor nas suas necessidades ou cabe melhor no seu bolso. O fator *preço*, aliás, é muito importante! Quando uma instituição opta por uma série de livros, compra exemplares para níveis diferentes. Dependendo do valor unitário e do seu público, o montante total de dinheiro gasto é bastante significativo, tanto para o aluno que compra quanto para muitos cursos que revendem o material e precisam fazer investimento em estoque de livros.

Algumas instituições acreditam que o desenvolvimento de material didático próprio seria a solução definitiva para a questão. Muitos investem e acabam perdendo dinheiro, alunos e parte de sua credibilidade, pois se o material fica ruim, atrapalha a prestação do serviço e os resultados finais.

Se você se propõe a investir na produção de materiais didáticos, precisa ter conhecimento e tecnologia para fazer bem-feito e ser competitivo.

Muitas editoras oferecem a personalização de capas de coleções. Essa é uma possibilidade que precisa ser muito bem avaliada: devem-se considerar os volumes, os valores envolvidos e o retorno pretendido. Se não for bem pensada, uma proposta que poderia servir para alavancar recursos e minimizar a percepção de risco por parte do aluno poderá se converter numa fonte de prejuízo e problemas.

É importante também destacar a função do material didático como peça para sedimentação do posicionamento de sua empresa. Além dos custos e da qualidade pedagógica, o conteúdo do material também precisa estar coerente com a proposta de sua instituição. Se você se apresenta ao mercado como uma empresa moderna, o material precisa tratar de assuntos atuais, além de ter materiais complementares com apelos relacionados à tecnologia. Se a sua empresa preza pelo tradicionalismo, a linha pode ser outra, com textos mais sóbrios.

A linguagem do material precisa estar em conformidade com o nível de seus professores, a proposta da editora tem de incluir um eventual suporte, se necessário, e ainda precisamos observar a realidade de seus alunos médios. Imagine a dificuldade de discutir um capítulo sobre a insustentável leveza do ser ou sobre a profundidade da obra de Salvador Dalí com uma turma de nível cultural baixo... Muitas instituições perdem clientes em função disso: os alunos se sentem desmotivados com o material didático, diminuídos por não conseguir falar sobre os temas propostos.

O coordenador: qual o seu papel?

O coordenador deve atuar como um conquistador de almas para a excelência! Isso até parece texto religioso, mas o enfoque é filosófico e, na prática, é a mais pura verdade!

O coordenador deve assumir os papéis de líder, facilitador e motivador pela busca da excelência. Deve ser o responsável pela manutenção de um clima de liberdade construtiva e interação constante dentro da instituição educacional. Ele deve adotar uma atitude de constante apoio e consideração, sem contudo ser ingênuo. Deve estar disponível para ouvir problemas e buscar soluções em conjunto; orientar, fornecer suporte, assim como cobrar procedimentos e resultados.

É responsabilidade também do coordenador fazer avaliações formais dos professores e interagir com os alunos para saber qual a percepção deles sobre as aulas. Tem de ser instrutor e ao mesmo tempo aluno: estudar e aprender com seus subordinados. Precisa se empenhar ao máximo na retenção de alunos, levantando e percebendo os reais motivos que os estão levando a querer sair da instituição, além de sugerir alternativas.

O bom coordenador preocupa-se com a tabulação de dados e o fornecimento de ferramentas de análise de desempenho, com índices que tragam informações importantes e consistentes. Ele deve ser proativo e firme nas intervenções necessárias quando se constata a tendência de queda nos números da empresa.

Ele tem de ser acessível e disponível para todos, de dentro e de fora da empresa. É inadmissível que diretores e coordenadores se sintam com o direito de desfilar dentro de suas escolas, "nariz em pé", esnobando alunos e colaboradores, com uma postura inacessível e arrogante. E não pense que isso é raro...

Em hipótese alguma o coordenador poderá agir, em caso de dificuldades com professores, como a Rainha de Copas de um clássico que conhecemos que adorava gritar: "Cortem-lhe a cabeça!". A era das decapitações ficou no passado! Afinal, como podemos conquistar nossos funcionários ou criar um clima propício para o encantamento dos clientes com uma administração castradora e autoritária?

Nessa linha de raciocínio, convidamos coordenadores a refletir:

- Será que você vai conseguir vigiar todos os professores, durante todas as aulas, durante todos os dias?
- Será que todos os problemas chegarão aos seus ouvidos?
- Será que você é um mago que consegue administrar e alterar o passado?
- Você é tão carismático que consegue reverter todos os momentos trágicos gerados por um corpo docente desalinhado com a filosofia de qualidade hoje presente?
- Será que é tão sapiente que não pode aprender mais nada com seus subordinados?

Se você de fato admitir que as perguntas acima merecem um *não* como resposta, deve se esforçar para:

- Fazer com que as reuniões com o corpo docente sejam produtivas, com o intuito de troca de experiências, realinhamento de rumos e envolvimento de todos na solução dos problemas existentes.
- Que as observações de aula tenham a finalidade de melhoria, ferramenta de auxílio, e não de caça às bruxas. A atitude deve ser de progresso, não de punição.

- Respeitar o ser humano e o profissional.
- Manter-se em contato permanente com seus clientes externos, percebendo suas reações ao serviço prestado e em que aspectos eles podem auxiliar na sua melhoria.
- Demonstrar para todos os seus clientes (internos e externos) que eles são importantes e que você sente um prazer *honesto* em compartilhar seus problemas, tanto pessoais como pedagógicos, e auxiliar a resolvê-los.
- Ser aberto e receptivo a críticas construtivas.

O coordenador é um administrador que lida com vitórias, mas também com problemas e dificuldades dentro do ambiente escolar. Ao se envolver e resolver os problemas, ele favorece o crescimento da instituição e o de si próprio. Devemos atentar para o seguinte fato: problemas são sinais de que os projetos e a instituição estão em movimento! O papel do coordenador, nesse sentido, envolve a participação para solucionar os problemas, sempre inovando e surpreendendo.

A genialidade também é uma característica essencial a um coordenador. Contudo, não basta ter ótimas idéias e não concretizá-las. Operar mudanças é algo extremamente difícil, mas é preciso levar seus projetos adiante. Uma idéia não implantada não serve para nada! Eis aqui algumas dicas simples que podem ser de grande utilidade na concretização e execução de projetos:

- Estabeleça metas viáveis, não estabeleça prazos irreais ou objetivos mirabolantes.
- Imagine os resultados: ouse sonhar e imaginar seus objetivos alcançados. Não deixe que imagens de fracasso povoem a sua mente, pois pensamentos negativos são contraproducentes.
- Não se deixe influenciar pela situação dos concorrentes, seja ela positiva ou não.

- Facilite sua vida: delegue tarefas e elimine obstáculos.
- Não fique procurando culpados ou se desculpando, sem buscar soluções.
- Acredite no seu potencial e no seu sucesso. Jamais desanime!
- Seja perseverante, mas não neurótico.

Seja um líder!

Diz a tradição cristã que Deus criou o homem a sua imagem e semelhança. O líder, por sua vez, pega pessoas já criadas, totalmente diferentes entre si e cheias de defeitos e manias como ele, e consegue criar uma sinergia, respeitando a individualidade de cada um para atingirem *juntos* um objetivo ou meta que seja de todos, com ânimo, garra e vigor — e, se possível, se divertindo!

Se você entender essa reflexão, uma boa parte do caminho já terá sido percorrida!

Chamamos de liderança a influência, positiva ou negativa, que certos membros de um grupo exercem sobre os demais. Dentro de uma empresa, a liderança pode ser formal ou informal. A liderança formal é aquela representada pela figura do chefe e, independentemente das diferenças entre "ser chefe" e "ser líder", a chefia é indiscutivelmente um tipo de liderança, seja ela mais ou menos eficiente (discutiremos esse aspecto mais adiante). A liderança informal tem característica situacional, ou seja, depende de fatores como penetração, conhecimento técnico e características de personalidade. Certos indivíduos dominam algumas situações e conduzem a equipe. A liderança informal tem uma capacidade muito elevada de formação de opinião; se bem conduzida, pode ser um forte aliado da empresa.

Liderar não é saber mandar ou coagir pessoas, mas ter a habilidade de interpretar os sentimentos e anseios de um grupo e traçar caminhos, formular soluções e gerar um ambiente motivador, levando os demais membros da equipe a segui-lo. Nós sabemos que os indivíduos escolhem, se envolvem emocionalmente e dedicam suas vidas a algo em que realmente acreditam, e que a coesão de pessoas com essas características amplifica ainda mais suas energias e potencialidades. A função do líder é promover essa coesão e, para isso, os subordinados precisam perceber e acreditar no líder, acreditar em suas visões.

> Liderança parece ser a arte de fazer com que os outros desejem fazer algo que você está convencido de que deve ser feito. (Packard, 1964)

O líder deve ser o responsável por manter o grupo com o moral elevado e com gás total para atingir novas metas. O ideal é que ele seja como um "motivômetro" a aferir o grau de motivação de cada funcionário e buscar, como meta diária, conquistar cada vez mais o funcionário e manter o grupo animado e integrado. Esse líder deve perceber os pontos fortes e fracos de cada subordinado, seu espectro motivacional (o que o motiva e o que o desmotiva) e utilizar tais conhecimentos para criar um clima propício ao desempenho de suas atividades.

O líder deve saber delegar e cobrar. Quando o líder insiste em ser um "fazedor", acaba por criar uma competição com o funcionário, gerando comparações conscientes e inconscientes e mostrando subliminarmente que não confia nos liderados. Como foi sabiamente dito por um psicólogo americano, não tente mudar à força as atitudes de sua equipe: devem ser feitos esforços todos os dias, todas as horas, para se conquistar o ser humano e despertar as características que desejamos.

O que é a famosa motivação?

A motivação pode ser definida como a força interna responsável pelo nível, pela direção e pela persistência do esforço despendido em uma ação. Está diretamente ligada às necessidades humanas, sendo mais intensa quanto mais baixo for o nível de satisfação do indivíduo para com determinada necessidade.

A motivação é individual e varia em função de características de personalidade, de experiências passadas, dos desejos, das necessidades e do meio em que o indivíduo vive, de modo que um fator motivador para uma pessoa pode ser desmotivador para outra. Por isso mesmo, a análise e a definição dos caminhos motivacionais a serem seguidos devem ser feitas de forma personalizada.

E o que é o desconhecido movimento?

Chamamos de "movimento" o conjunto de ações empreendidas pelo indivíduo e que foram condicionadas por fatores externos. Controlando-se os reforços positivos e negativos aos quais estão submetidos os indivíduos, é possível levá-los a exibir o comportamento que se pretende que exibam, independentemente de sua vontade individual. Porém, ao desaparecer o agente externo, o movimento cessa.

O melhor exemplo disso é o incentivo financeiro dado a um funcionário. Esse incentivo gera uma ação (por exemplo, melhora da produtividade) por parte da pessoa "beneficiada"; porém, ao retirarmos tal incentivo, a pessoa volta à situação anterior. Esse processo acaba por gerar uma necessidade de suporte financeiro cada vez maior para se alcançar resultados melhores. O movimento é muito útil para metas específicas, mas devemos, sempre que possível, buscar a motivação que gera a capacidade e o desejo de superar as dificuldades e atingir os objetivos propostos.

O que pode influenciar a motivação?

Como já dissemos, a motivação é interna e individual; contudo, ela é influenciada por diversos fatores externos. Entre os fatores que prejudicam a motivação, podemos citar:

- Politicagens.
- Expectativas obscuras.
- Regras desnecessárias.
- Trabalhos mal projetados.
- Reuniões improdutivas.
- Falta de *follow-up*.
- Mudanças constantes.
- Competição interna exagerada.
- Desonestidade da chefia.
- Hipocrisia da chefia.
- Sonegação de informações.
- Injustiça no trato com os funcionários.
- Respostas desencorajadoras bloqueando a criatividade.
- Cancelamento de atividades e projetos.
- Execução de trabalhos de má qualidade por falta de recursos.
- Tolerância ao desempenho inferior.
- Falta de *feedback*.
- Ausência ou afastamento da gerência.
- Excesso de controle.
- Críticas destrutivas.
- Subutilização de capacidade.

De qualquer modo, tenha cuidado com a motivação! Nem sempre tudo são flores... Parafraseando um escritor brasileiro da área de administração de empresas: já imaginou um assassino supermotivado? O resultado é que quanto maior fosse a motivação, maior o número de cadáveres que teríamos...

Devemos, então, criar um clima motivador para as coisas certas, que agregam valor para a empresa. Analise o seguinte caso:

> Em um curso de idiomas no subúrbio do Rio de Janeiro, havia uma divulgadora que tinha excelentes resultados e conseguia um rendimento 40% superior ao das colegas. O dono do curso dava incentivos financeiros, elogios rasgados, colocava a menina como destaque e o rendimento só aumentava: 45%, 50%... Até que começaram os problemas: turmas de inglês com matrículas de pessoas que queriam estudar espanhol; pessoas matriculadas em turmas nos horários mais loucos, como 21h30 de sexta-feira, horário em que a escola já havia fechado; matrículas de outras divulgadoras "desapareciam" dos registros das mesmas... e outras "coisinhas" do gênero.

Podemos falar que a garota estava desmotivada? Não! Na realidade, ela estava cada vez mais motivada — mas para as ações erradas. Ela havia recebido as seguintes orientações: "Matricule, seja como for! Não importa o que você faça!". E ela realmente o fazia...

Enfim, podemos perceber que uma gestão séria aliada a um planejamento de marketing consistente, considerando-se o elemento humano como fator básico para o sucesso, são elementos de grande importância para instituições de ensino. Mas é necessário que seus princípios e métodos sejam bem compreendidos e adequadamente aplicados.

Cabe aos gestores, professores e todos os demais envolvidos, assumir cada vez mais uma postura desbravadora e sem preconceitos, quebrando paradigmas e rumando em busca do sucesso.

Esperamos ter contribuído de alguma forma para o despertar dessa consciência, ou para que caminhos que já estão sendo percorridos se tornem cada vez mais prósperos e cheios de sucesso. Invista, aprimore-se, conquiste, cresça cada vez mais... e principalmente: seja feliz!

Referências bibliográficas

ALBRECHT, K. *Serviços com Qualidade: A Vantagem Competitiva*. São Paulo: Makron Books, 1992.

BUHAMRA, C. e DUMMAR, W. (orgs.). *Marketing para Todos*. Fortaleza: Fundação Demócrito Rocha, 1996.

FREUD, S. *Edição Standard Brasileira das Obras Psicológicas Completas de Sigmund Freud*. Volume XII. Rio de Janeiro: Imago Editorial, 1987.

GIANESI, I. G. N. e CORRÊA, H. L. *Administração Estratégica de Serviços*. São Paulo: Atlas, 1996.

GOTTLIEB, L. *A Busca da Excelência pelo Ensino Superior*. São Paulo: Informativo Pbqp/InMetro, 1993.

KNELLER, G. F. *Arte e Ciência da Criatividade*. São Paulo: Ibrasa, 1976.

KOTLER, P. *Administração de Marketing: A Edição do Novo Milênio*. São Paulo: Prentice Hall, 2000.

KOTLER, P. e ARMSTRONG, G. *Princípios de Marketing*. Rio de Janeiro: Prentice Hall, 1998.

LEVITT, T. *A Imaginação de Marketing*. São Paulo: Atlas, 1990.

LOMBARDI, J. C. (org.). *Globalização, Pós-Modernidade e Educação*. Campinas: Autores Associados, 2001.

MADRUGA, R. P. et al. *Administração de Marketing no Mundo Contemporâneo*. Rio de Janeiro: FGV, 2004.

NORMANN, R. *Administração de Serviços: Estratégia e Liderança na Empresa de Serviços*. São Paulo: Atlas, 1993.

PENTEADO, J. R. *Técnicas de Chefia e Liderança*. São Paulo: Pioneira, 1965.

PACKARD, V. *The Pyramid Climbers*. Nova York: Fawcett Crest, 1964.

RIES, A. e TROUT, J. *Posicionamento: A Batalha por sua Mente*. São Paulo: Pearson Makron, 2002.

ROCHA, A. e CHRISTENSEN, C. *Marketing: Teoria e Prática no Brasil*. São Paulo: Atlas, 1999.

SEMENIK, R. J. e BAMOSSY, G. J. *Princípios de Marketing: Uma Perspectiva Global*. São Paulo: Makron, 1995.

SILVA, H. H. et al. *Planejamento Estratégico de Marketing*. Rio de Janeiro: Ed. FGV, 2004.

SIMÕES, E. A. Q. e TIEDEMANN, K. B. *Psicologia da Percepção*. São Paulo: EPU, 1985.

SPILLER, E. S. et al. *Gestão de Serviços e Marketing Interno*. Rio de Janeiro: Ed. FGV, 2004.

SPITZER, D. R. *Supermotivação: Uma Estratégia para Dinamizar Todos os Níveis da Organização*. São Paulo: Futura, 1997.

TZU, S. *A Arte da Guerra*. Rio de Janeiro: Record, 1996.

Viver Mente e Cérebro. São Paulo: Duetto, anos I e II.

WEIL, P. *Relações Humanas na Família e no Trabalho*. Petrópolis: Vozes, 1971.

ZEITHAML, PARASURAMAN e BERRY. *Delivering Quality Service — Balancing Customer Perceptions and Expectations*. Nova York: The Free Press, 1990.

Este livro foi composto pela Prol Editora Gráfica Ltda.
sobre papel offset 75 g/m²